弘扬“两路”精神
勇当开路先锋

——川藏、青藏公路建成通车 70 周年纪念画册

中华人民共和国交通运输部

人民交通出版社
北　京

新形势下，要继续弘扬“两路”精神，养好两路，保障畅通，使川藏、青藏公路始终成为民族团结之路、西藏文明进步之路、西藏各族同胞共同富裕之路。

——习近平就川藏青藏公路建成通车 60 周年作出重要批示

《人民日报》2014 年 8 月 7 日

“两路”精神

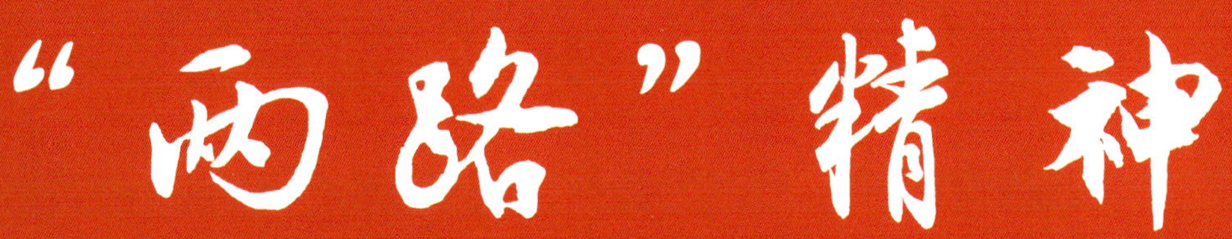

一不怕苦、二不怕死，

顽强拼搏、甘当路石，

军民一家、民族团结。

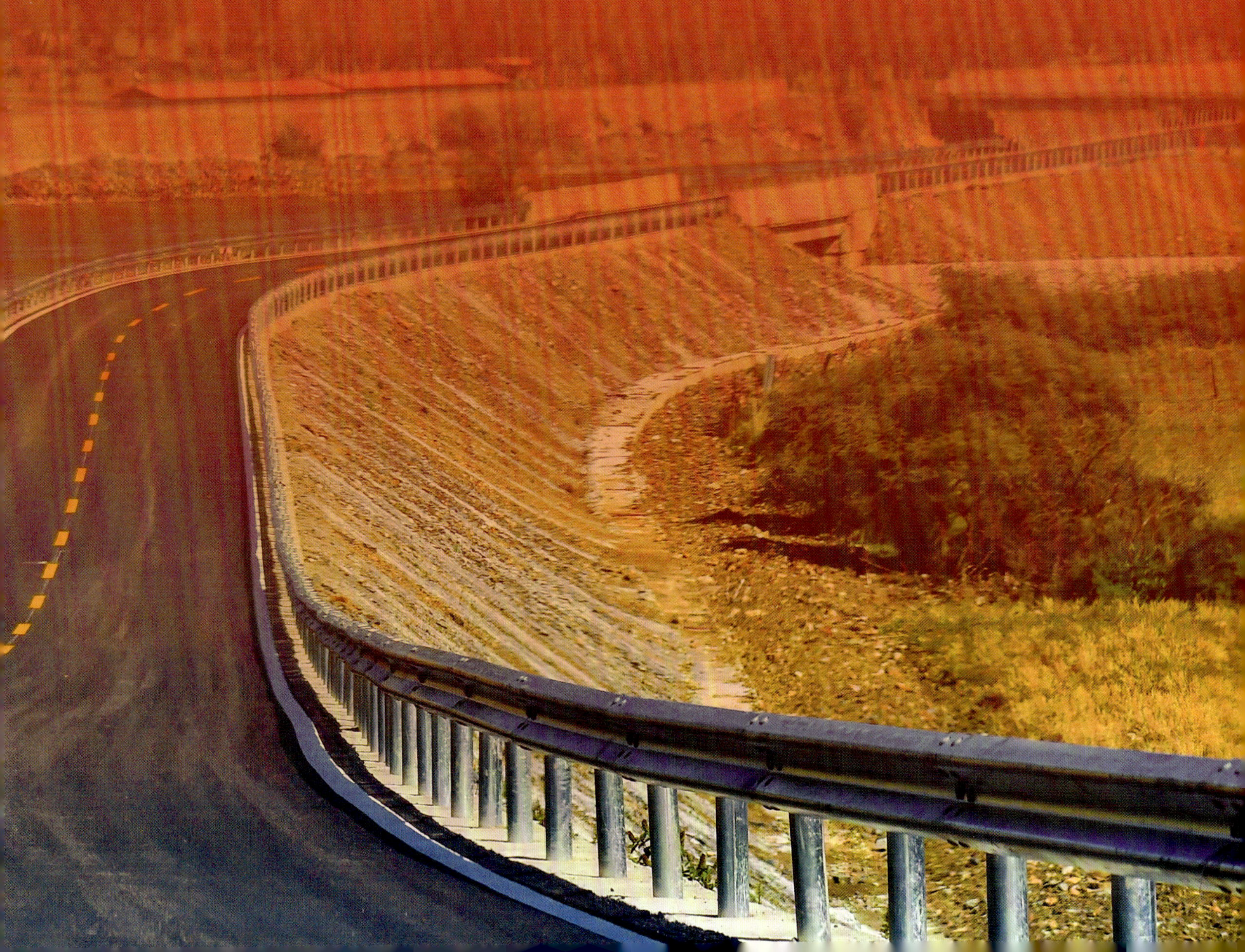

弘扬“两路”精神　勇当开路先锋

——川藏、青藏公路建成通车 70 周年纪念画册

前言

1954年12月25日，康藏公路、青藏公路正式建成通车，结束了西藏没有现代公路的历史。10多万筑路大军以大无畏的英雄气概，用铁锤、钢钎、铁锹和血肉之躯，攀雪山、越冰川、搏激流、斗险滩，在极其严酷的自然环境和极度艰苦的劳动条件下，舍生忘死征服重重天险，修建了川藏、青藏公路，在“人类生命禁区”的“世界屋脊”创造了公路建设史上的奇迹。

2014年8月，习近平总书记就川藏、青藏公路建成通车60周年作出重要批示：60年来，在建设和养护公路的过程中，形成和发扬了一不怕苦、二不怕死，顽强拼搏、甘当路石，军民一家、民族团结的“两路”精神。新形势下，要继续弘扬“两路”精神，养好两路，保障畅通，使川藏、青藏公路始终成为民族团结之路、西藏文明进步之路、西藏各族同胞共同富裕之路。[①] 2020年11月，习近平总书记对川藏铁路开工建设作出重要指示，再次强调发扬“两路”精神和青藏铁路精神，科学施工、安全施工、绿色施工，高质量推进工程建设。[②]

70年来，在管理、养护、运营和改造、整治过程中，一代代交通人秉承传统，以路为家，不断丰富和发展了“两路”精神。“两路”精神也不断激励、鼓舞着一代又一代交通人持续奋斗，创造一个又一个奇迹。以“两路”精神为代表的新时代交通精神，不仅是对中国共产党革命精神的传承发展和生动诠释，也是民族精神和时代精神在交通行业的生动体现。“两路”精神作为中国共产党人精神谱系的重要组成部分，彰显了中国人民的伟大创造精神、伟大奋斗精神、伟大团结精神、伟大梦想精神。

2024年是川藏、青藏公路建成通车70周年，为进一步贯彻落实党的二十大精神和习近平总书记关于弘扬“两路”精神的重要指示批示精神，用好红色资源、赓续红色血脉，弘扬川藏、青藏公路建成通车的伟大历史功绩，发挥“两路”精神在新时代的交通引领作用，特出版《弘扬“两路”精神　勇当开路先锋——川藏、青藏公路建成通车70周年纪念画册》，铭记这段历史，展现雪域高原70年来的新面貌。新时代新征程，让我们共同继续传承和弘扬“两路”精神，逢山开路、遇水架桥，敢于牺牲、勇于奉献，为实现中华民族伟大复兴的中国梦而不懈奋斗！

编纂工作组

2025年2月

---

① 《习近平就川藏青藏公路建成通车60周年作出重要批示　强调要弘扬“两路”精神　助推西藏发展》，《人民日报》2014年8月7日。

② 《习近平对川藏铁路开工建设作出重要指示强调　发扬“两路”精神和青藏铁路精神　高质量推进工程建设》，《人民日报》2020年11月9日。

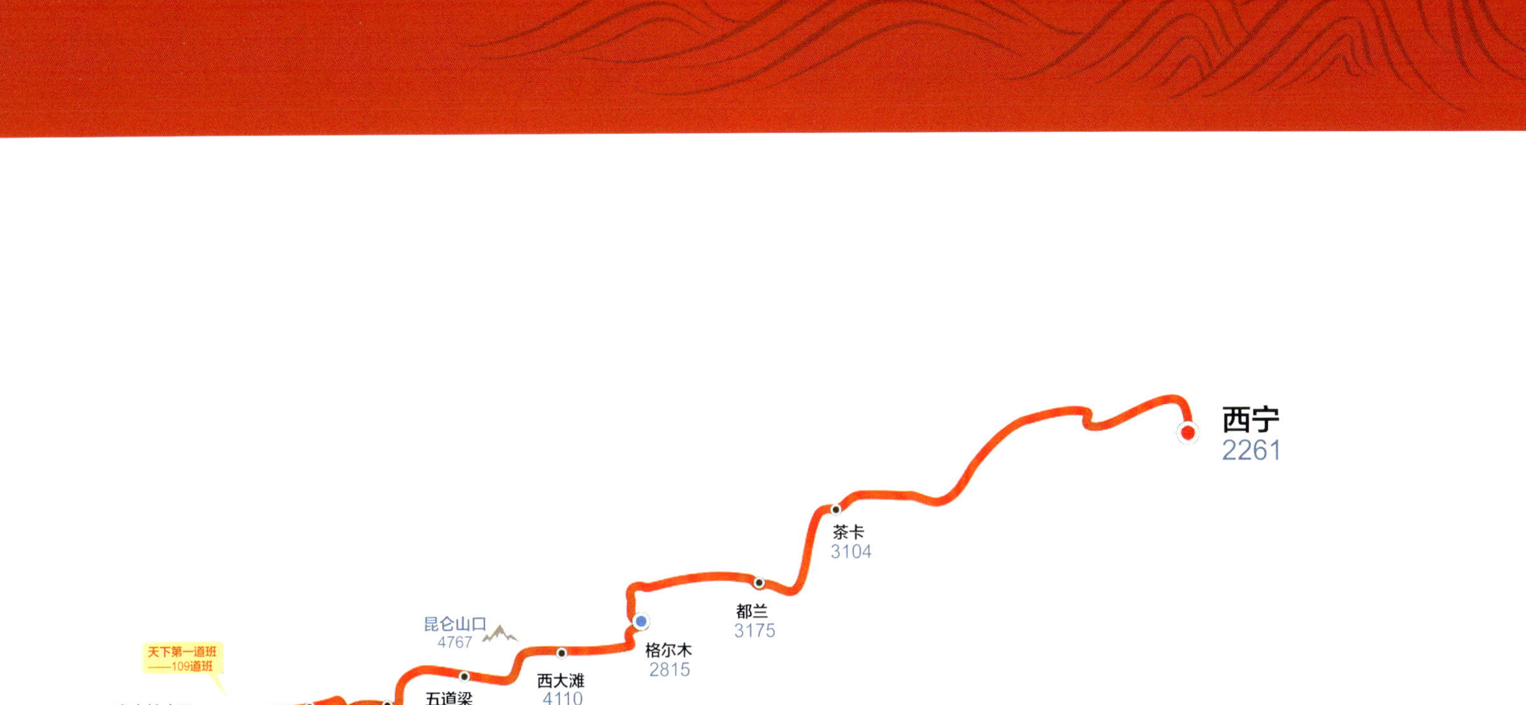

▲ 川藏公路、青藏公路建成初期示意图

康藏公路起自西康省金鸡关经雅安、康定、甘孜、马尼干戈、昌都、邦达、林芝到西藏拉萨，全长 2271 公里。1955 年 10 月，西康省建制撤销后，康藏公路起点改为成都，改称川藏公路，全长 2407 公里(《中国公路史(第二册)》，人民交通出版社 1999 年版，第 60 页)。

青藏公路起自青海省西宁市，经倒淌河、格尔木、唐古拉山口、黑河，止于西藏首府拉萨市，全长 1937 多公里(《中国公路史（第二册）》，人民交通出版社 1999 年版，第 68 页 ）。

▲川藏青藏公路纪念碑，位于西藏自治区拉萨市城关区南部、拉萨河北岸，由西藏自治区人民政府修建于1984年。

川藏青藏公路纪念碑·碑文

建国之初，为实现祖国统一大业，增进民族团结，建设西南边疆，中央授命解放西藏，修筑川藏、青藏公路。

川藏公路东自成都，始建于一九五零年四月；青藏公路北起西宁，动工于一九五零年六月。两路全长四千三百六十余公里，一九五四年十二月二十五日同时通车拉萨。

世界屋脊，地域辽阔，高寒缺氧，雪山阻隔。川藏、青藏两路，跨怒江攀横断，渡通天越昆仑，江河湍急，峰岳险峻。十一万藏汉军民筑路员工，含辛茹苦，餐风卧雪，齐心协力征服重重天险。挖填土石三千多万立方，造桥四百余座。五易寒暑，艰苦卓绝。三千志士英勇捐躯，一代业绩永垂青史。三十年来，国家投以巨资，两路几经改建。青藏公路建成沥青路面。高原公路，亘古奇迹。四海闻名，五州（洲）赞叹。

巍巍高原，两路贯通。北京拉萨，紧密相连。兄弟情谊，亲密无间。全藏公路四通八达，经济文化繁盛，城乡面貌改观。藏汉同胞，歌舞翩跹，颂之为“彩虹”，誉之为“金桥”。新西藏前程似锦，各族人民携手向前。

值此两路通车三十周年，感激中央，缅怀英烈，立石拉萨，永志纪念。

目 录

高原筑天路（1950—1954）

大道传薪火（1955—2012.10）

奋进新时代（2012.11—2024）

高原筑天路

（1950—1954）

大事记

1950 年 1 月 2 日，毛泽东确定西南局担负向西藏进军及经营西藏的任务，并指示进藏部队“一面进军，一面修路”[①]。

1950 年 2 月，西南区公路管理局在重庆成立。4 月，西南区公路管理局更名为西南军政委员会交通部公路管理局。

1950 年 4 月，青藏公路东段工程由中国人民解放军西北军区一军的二师、三师和青海省交通处分别承担路基、路面和桥涵工程，于 11 月 4 日修通至倒淌河。

1950 年 4 月 13 日，雅安至马尼干戈段公路的修复工程在四川、西康交界的金鸡关破土动工。

1950 年 6—9 月，康藏公路雅安至康定段、康定至甘孜段、甘孜至马尼干戈段抢修工程相继完工。

1950 年 7 月下旬，康藏公路从雅安修过二郎山，筑路大军进入甘孜地区。

1950 年 10 月 1 日，第十八军后方司令部康藏工程处在重庆学田湾成立；同日，西南军政

① 参见四川省交通运输厅交通史志总编室：《川藏公路简史》，新华出版社 2022 年版，第 45 页。张国华：《在胜利的基础上继续前进——为庆祝康藏、青藏公路全线通车而作》，《人民日报》1954 年 12 月 27 日。

委员会交通部康藏公路工程处在雅安成立，1951 年 11 月改组为康藏公路第二工程局。

1951 年 5 月 6 日，康藏公路马尼干戈至昌都段动工兴建；6 月，康藏公路大渡河钢索吊桥、飞仙关青衣江钢索吊桥建成通车。

1951 年 5 月 12 日，中国人民解放军西南军区批准成立康藏公路修建司令部。

1952 年 1 月 17 日，康藏公路新建工程打通海拔最高的雀儿山路段。

1952 年 5 月 5 日，中国人民解放军西藏军区成立筑路指挥部，由拉萨向东修筑康藏公路。

1952 年 6 月，康藏公路马尼干戈至岗托段新建工程建成通车。

1952 年 9 月，四川省恢复建制。四川省交通厅、四川省交通厅养路处相继成立。

1952 年 11 月 20 日，康藏公路康定至昌都段通车。毛泽东题词："为了帮助各兄弟民族，不怕困难，努力筑路！"朱德题词："军民一致战胜天险，克服困难打通康藏交通，为完成巩固国防繁荣经济的光荣任务而奋斗！"[①]

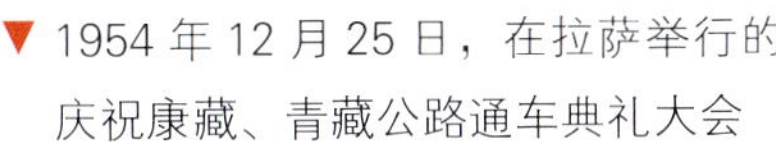
▼ 1954 年 12 月 25 日，在拉萨举行的庆祝康藏、青藏公路通车典礼大会

1953 年 1 月 5 日，中央军事委员会批准康藏公路昌拉段走南线，即昌都—邦达—波密—林芝—太昭—拉萨。

1953 年 2 月 17 日，康藏公路昌都至巴河段动工兴建。

1953 年 3 月，交通部在兰州召开座谈会，就青藏公路改建工程作出决定，由青藏公路管理局以自营方式修建，交通部第五设计分局担任测量设计，公路总局第五工程局第二工程处为主要参与力量。

1953 年 5 月 27 日，青海省成立青藏公路工程局。

1954 年，青藏公路东段工程由青海省交通处组织力量从倒淌河修通到香日德；香日德至格尔木 311 公里于 1954 年由交通部公路总局第五工程局修复。

1954 年 2 月 27 日，中央军事委员会同意修筑青藏公路南段工程。

1954 年 3 月 17 日，中央人民政府批准修建青藏公路南段工程。

1954 年 5 月 11 日，青藏公路南段工程在格尔木的艾芨里沟破土动工。

1954 年 7 月 18 日，青藏公路天涯桥建成通车。

1954 年 11 月 27 日，康藏公路东、西段筑路大军，在工布江达的巴河大桥会师。

1954 年 12 月 16 日，康藏、青藏两路筑路大军在拉萨西郊会师。

1954 年 12 月 25 日，康藏公路、青藏公路同时通车拉萨，毛泽东题词："庆贺康藏、青藏两公路的通车，巩固各民族人民的团结，建设祖国！"[②]

① 《康藏公路康定至昌都段提前通车　毛主席朱总司令题词嘉勉筑路军工和民工　西南军政委员会主席刘伯承军区司令员贺龙等致电祝贺》，《人民日报》1952 年 11 月 27 日。

② 《拉萨举行康藏青藏公路通车典礼》，《人民日报》1954 年 12 月 27 日。

世界屋脊

大约 3000 万年前，地球欧亚板块和印度洋板块的一次大碰撞，造就了如今地球上最高大、最年轻的高原——青藏高原，“世界屋脊”逐渐形成，雄踞中国西部边陲，构造起了中国地势三级阶梯的第一级。

康藏公路翻越二郎山、折多山、雀儿山、色季拉山等 14 座大山，跨越岷江、大渡河、金沙江、怒江、拉萨河等众多江河，横穿龙门山、青尼洞、澜沧江、通麦等 8 条大断裂带。

青藏公路翻越日月山、昆仑山、风火山、唐古拉山等 9 座大山，跨越湟水河、清水河、通天河、沱沱河、楚玛尔河等众多河流，唤醒千年冻土、打开亘古石峡。

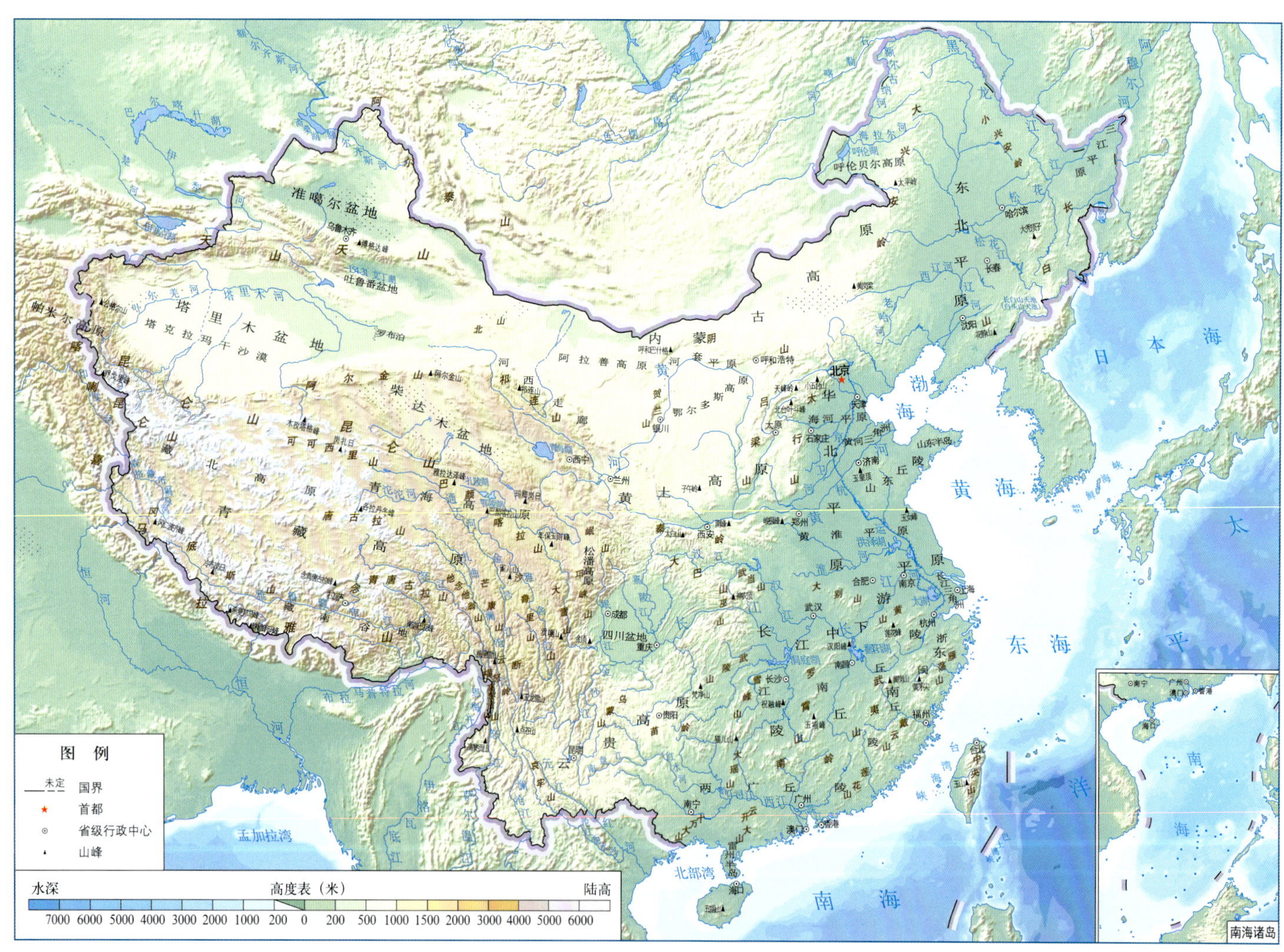

▲ 中国地势图

“乱石纵横，人马路绝，艰险万状，不可名态。”1930 年出版的《西藏始末纪要》中，这样形容旧西藏的路。那时，西藏没有一条现代公路，多是自古以来人畜长期通行而自然形成的路，路况极差。交通运输一直处于人背畜驮、骡马驿道的原始状态。

▲ 1903 年拍摄的四川背夫从泸定背茶到康定的照片

▲ 昌都和平解放前，越过湍急的河流运输物资，靠人背畜驮，稍有不慎就会坠入激流（供图：西藏自治区交通运输厅）

▲ 用溜索渡江需精神高度集中，遇疾风来袭，溜索摇晃，筑路人员时刻面临死亡威胁（供图：交通运输部档案馆）

伟大征程

誓师

1950 年 3 月，第十八军召开进军西藏、解放西藏誓师大会，发出“把五星红旗插到喜马拉雅山上”的豪迈誓言。

◀ 第十八军在乐山举行进军西藏誓师大会

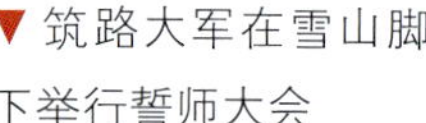

▼ 筑路大军在雪山脚下举行誓师大会

进军西藏过程中，雅甘工程处（中交二公局一处前身，中交二公院前身）的老桥工和第十八军战士并肩战斗，承担起康藏公路桥梁建设重任。

▲ 雅甘工程处（供图：交通运输部档案馆）

踏勘设计

康藏公路修建初期，全国没有统一的设计准则，沿用了新中国成立前的旧标准。1951 年 9 月，交通部颁布《中华人民共和国公路工程设计准则（草案）》，1952 年夏送达康藏公路修建司令部，与苏联专家别路 • 包罗多夫帮助起草制定的《西南交通部康藏公路昌拉段测量设计规程》，共同规范了康藏公路的勘测设计工作。

▲《中华人民共和国公路工程设计准则（草案）》（供图：交通运输部档案馆）

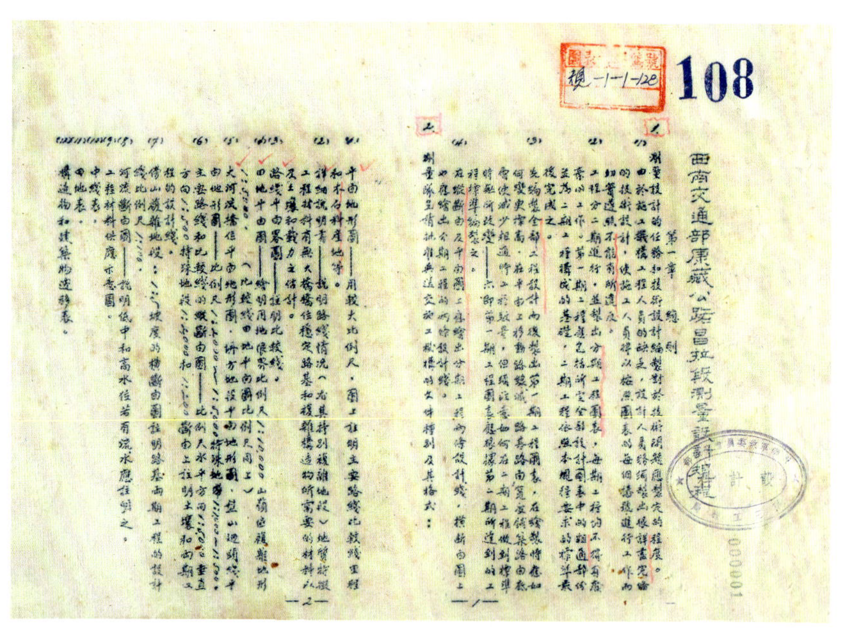

▲ 1952 年在苏联专家别路 • 包罗多夫帮助下起草制定的《西南交通部康藏公路昌拉段测量设计规程》，为新中国最早的公路测设规范（供图：中交第二公路勘察设计研究院有限公司）

筑路故事 · 新中国第一部公路工程设计准则诞生

《中华人民共和国公路工程设计准则（草案）》是新中国成立以来制定的首个公路工程技术标准，是经批准使用的试用版本，及时指导了新中国的公路建设。经过3年的实践总结，1954年9月，交通部令交公技（54）字第四七—四号正式颁布《中华人民共和国公路工程设计准则》。

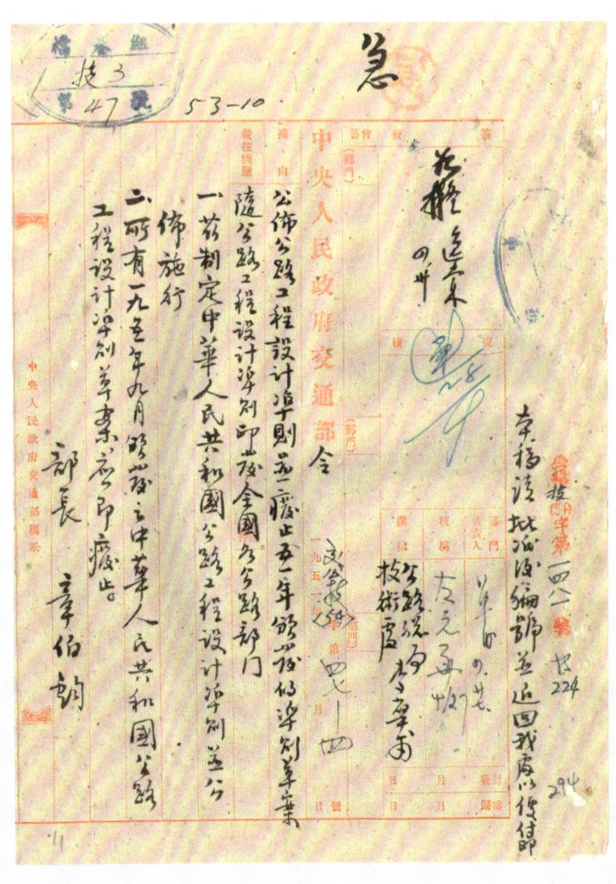

◀ 公布公路工程设计准则签批手稿（供图：交通运输部档案馆）

◆ 档案抄清

中央人民政府交通部令

交公技（54）字第四七—四号

公布公路工程设计准则并废止五一年颁发的准则草案随公路工程设计准则印发全国各公路部门

一、兹制定中华人民共和国公路工程设计准则并公布施行

二、所有一九五一年九月颁发的中华人民共和国公路工程设计准则草案，应即废止。

部长　章伯钧

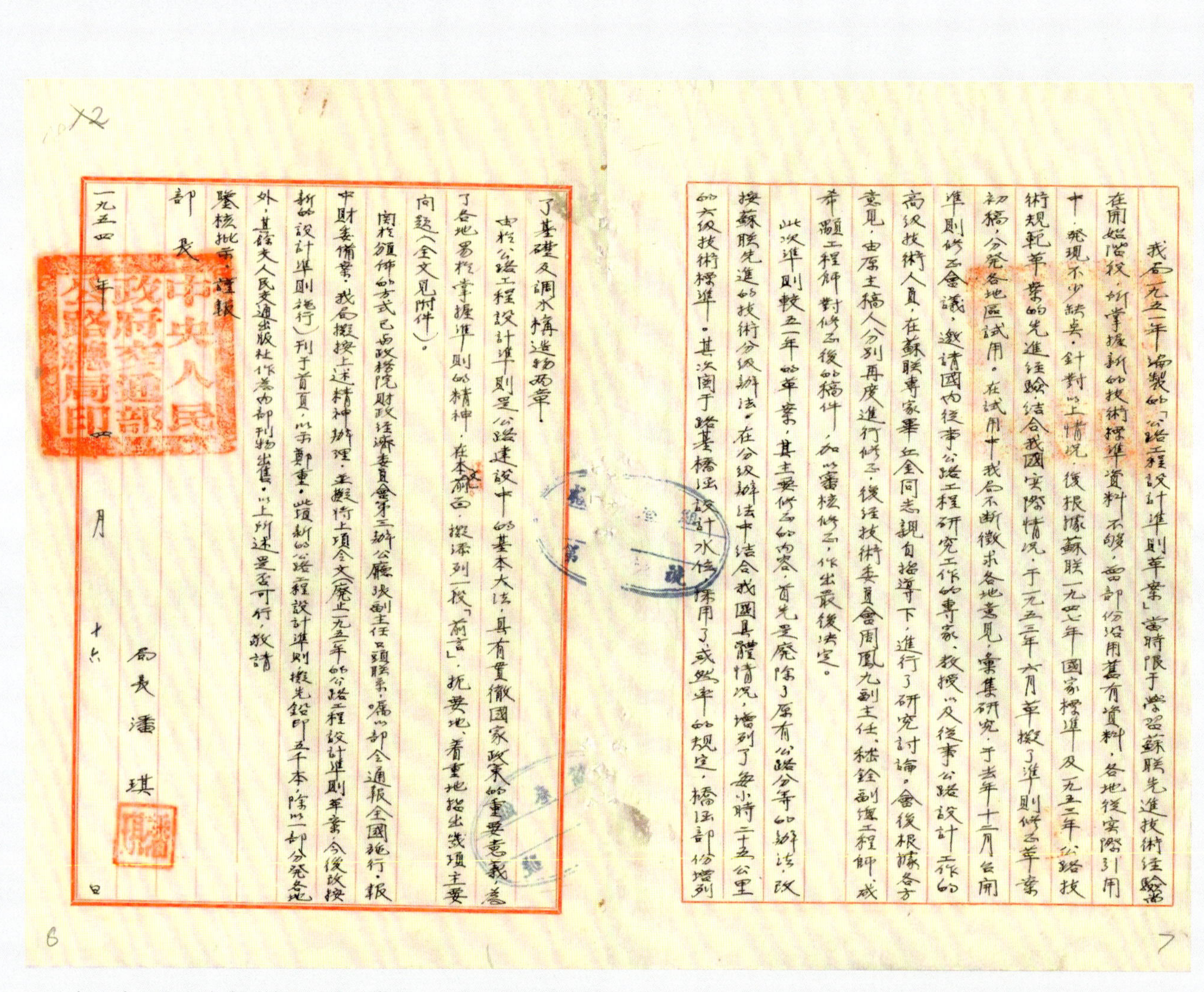

我局一九五一年編製的「公路工程設計準則草案」當時限于學習蘇联先進技術経驗尚在開始階段，所掌握新的技術標準資料不够，曾部份沿用舊有資料，各地從實際引用中，發現不少缺点。針對以上情况，後根據蘇联一九四七年國家標準及一九五二年公路技術規範草案的先進経驗，結合我國實際情况，于一九五三年六月草擬了準則修正草案初稿，分発各地區試用。在試用中我局不断徵求各地意見，彙集研究，于去年十二月召開準則修正會議，邀請國内從事公路工程研究工作的專家、教授以及從事公路設計工作的高级技術人員，在蘇联專家畢丘金同志親自指導下，進行了研究討論。會後根據各方意見，由原主稿人分别再度進行修正，後経技術委員會周鳳九副主任、嵇銓副總工程師、戒希顯工程師對修正後的稿件，加以審核修正，作出最後決定。

此次準則較五一年的草案，其主要修正的内容，首先是廢除了原有公路分等的辦法，改按蘇联先進的技術分级辦法，在分级辦法中結合我國具體情况，增列了每小時二十五公里的六级技術標準。其次關于路基橋涵設計水位，採用了或然率的規定，橋涵部份增列了基礎及調水構造物兩章。

由於公路工程設計準則是公路建設中的基本大法，具有貫徹國家政策的重要意義，為了各地易於掌握準則的精神，在本前面，擬添列一段「前言」，扼要地、着重地指出幾項主要問題（全文見附件）。

関於頒佈的方式已由政務院財政経濟委員會第三辦公廳張副主任口頭聯系，囑以部令通報全國施行，報中財委備案。我局擬按上述精神辦理，並擬將上項令文（廢止一九五一年的公路工程設計準則草案，今後改按新的設計準則施行）刊于首頁，以示鄭重。此項新的公路工程設計準則擬先鉛印五千本，除以一部分発各地外，其餘交人民交通出版社作為内部刊物出售。以上所述是否可行，敬請

鑒核批示。謹報

部長

局長 潘琪

一九五四年四月十六日

中央人民政府交通部公路總局印

▲公布公路工程设计准则请示手稿（供图：交通运输部档案馆）

◆档案抄清

我局一九五一年编制的《公路工程设计准则草案》当时限于学习苏联先进技术经验尚在开始阶段，所掌握新的技术标准资料不够，曾部分沿用旧有资料，各地从实际引用中，发现不少缺点。针对以上情况，后根据苏联一九四七年国家标准及一九五三年公路技术规范草案的先进经验，结合我国实际情况，于一九五三年六月草拟了准则修正草案初稿，分发各地区试用。在试用中我局不断征求各地意见，汇集研究，于去年十二月召开准则修正会议，邀请国内从事公路工程研究工作的专家、教授以及从事公路设计工作的高级技术人员，在苏联专家毕丘金同志亲自指导下，进行了研究讨论，会后根据各方意见，由原主稿人分别再度进行修正，后经技术委员会周凤九副主任、嵇铨副总工程师、成希颙工程师对修正后的稿件，加以审核修正，作出最后决定。

此次准则较五一年的草案，其主要修正的内容，首先是废除了原有公路分等的办法，改按苏联先进的技术分级办法，在分级办法中结合我国具体情况，增列了每小时二十五公里的六级技术标准。其次关于路基桥涵设计水位，采用了或然率的规定，桥涵部分增列了基础及调水构造物两章。

由于公路工程设计准则是公路建设中的基本大法，具有贯彻国家政策的重要意义，为了各地易于掌握准则的精神，在本文前面，拟添列一段“前言”，扼要地、着重地指出几项主要问题（全文见附件）。

关于颁布的方式已与政务院财政经济委员会第三办公厅张副主任口头联系，嘱以部令通报全国施行，报中财委备案。我局拟按上述精神办理，并拟将上项令文（废止一九五一年的公路工程设计准则草案，今后改按新的设计准则施行）刊于首页，以示郑重。此项新的公路工程设计准则，拟先铅印五千本，除以一部分发各地外，其余交人民交通出版社作为内部刊物出售。以上所述是否可行，敬请鉴核批示。谨报部长。

中央人民政府交通部公路总局印

局长　潘琪

一九五四年四月十六日

◀ 1953年编写的康藏公路昌都至太昭段踏勘概况手稿（供图：中交第二公路勘察设计研究院有限公司）

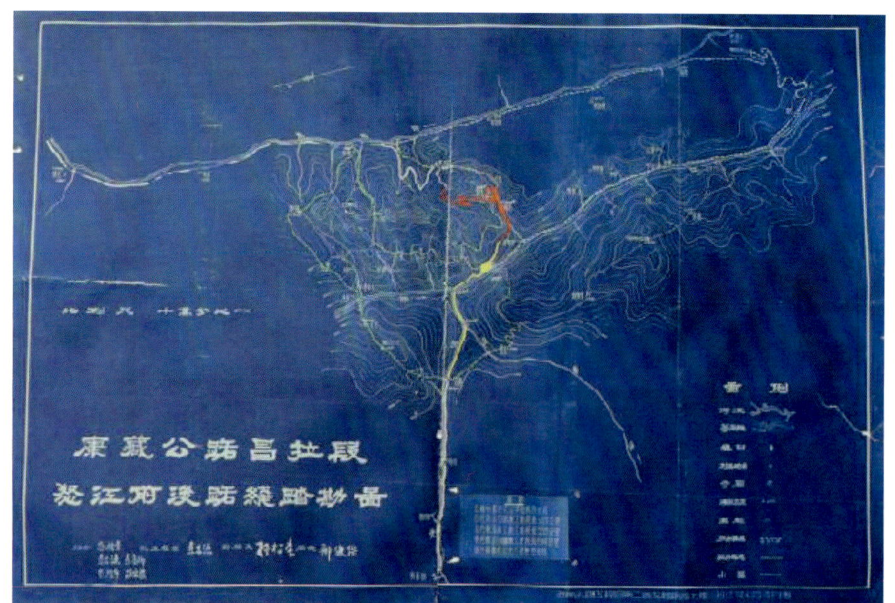

▶ 1953年完成的康藏公路昌拉段怒江前后路线踏勘图（供图：中交第二公路勘察设计研究院有限公司）

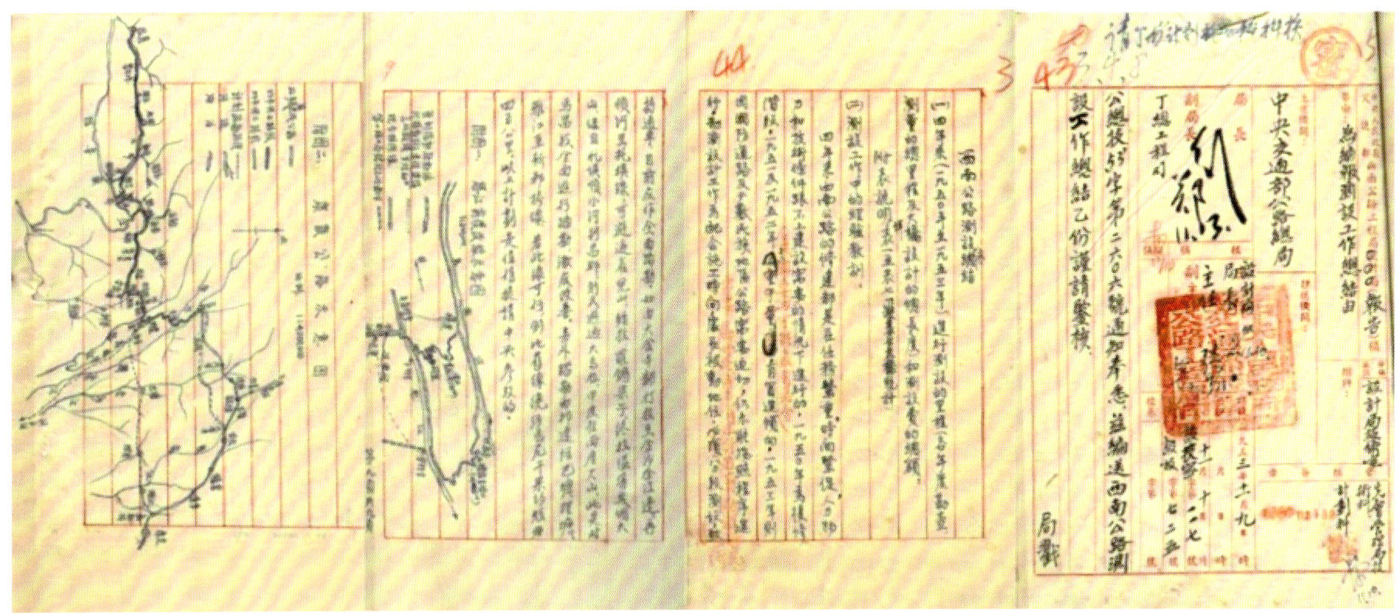

▲ 1953 年交通部西南公路工程局设计局向中央交通部公路总局报送的西南公路测设总结，2 张手绘草图分别为康藏公路怒江前后路段改线方案和康藏公路整体进度示意图（供图：中交第二公路勘察设计研究院有限公司）

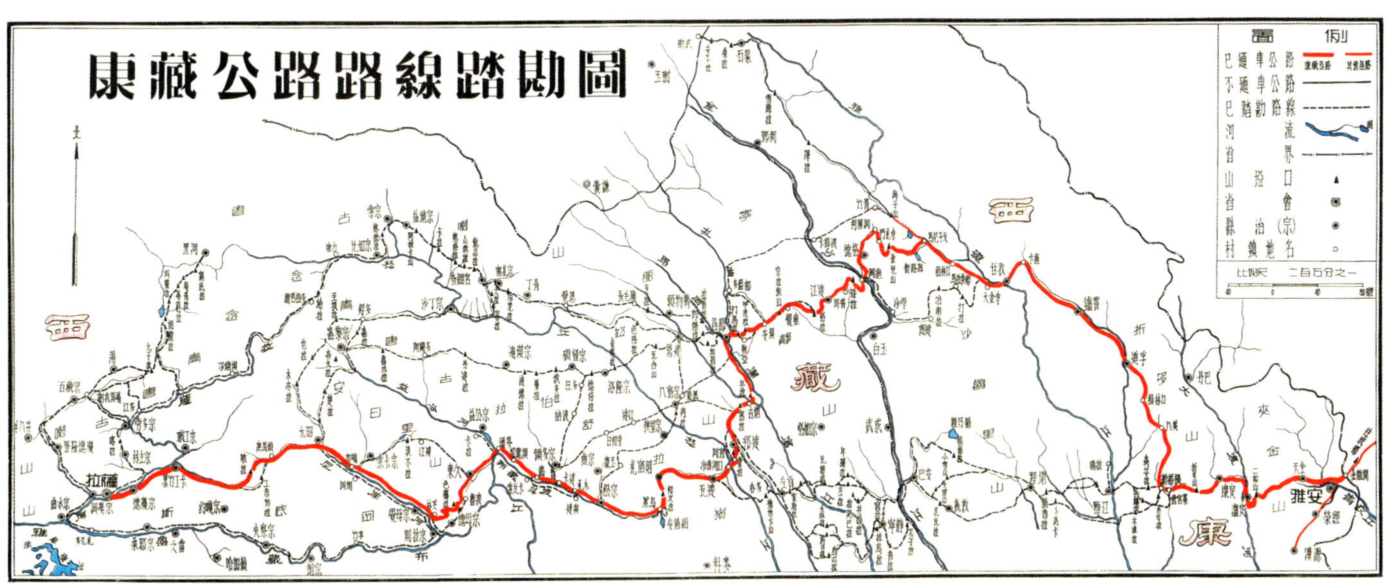

▲ 康藏公路路线踏勘图

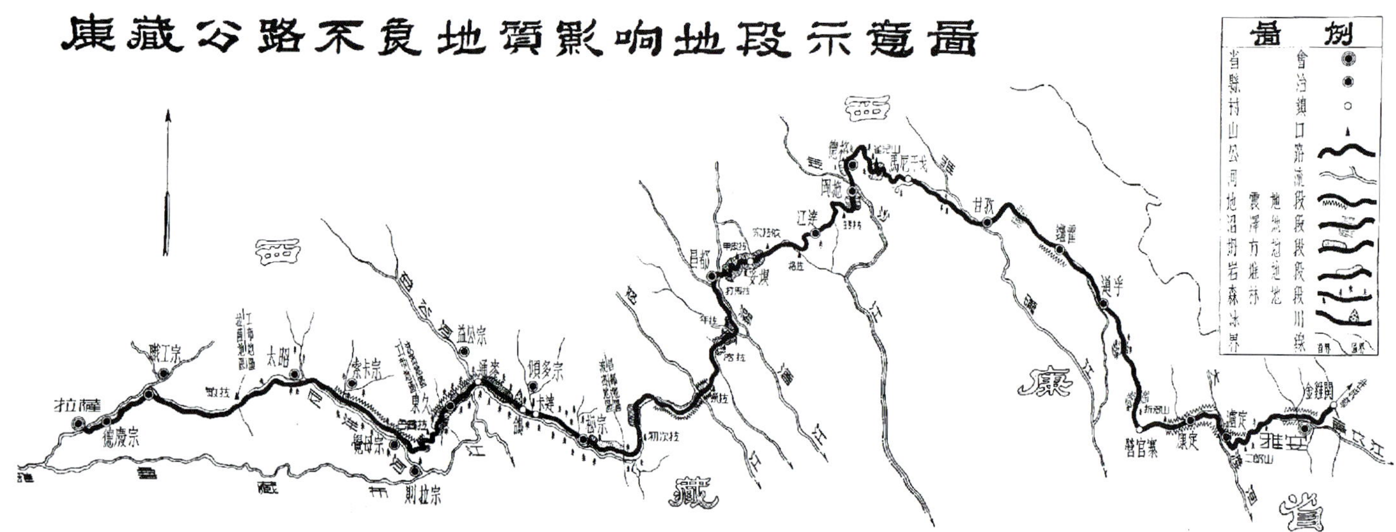

▲ 康藏公路不良地质影响地段示意图

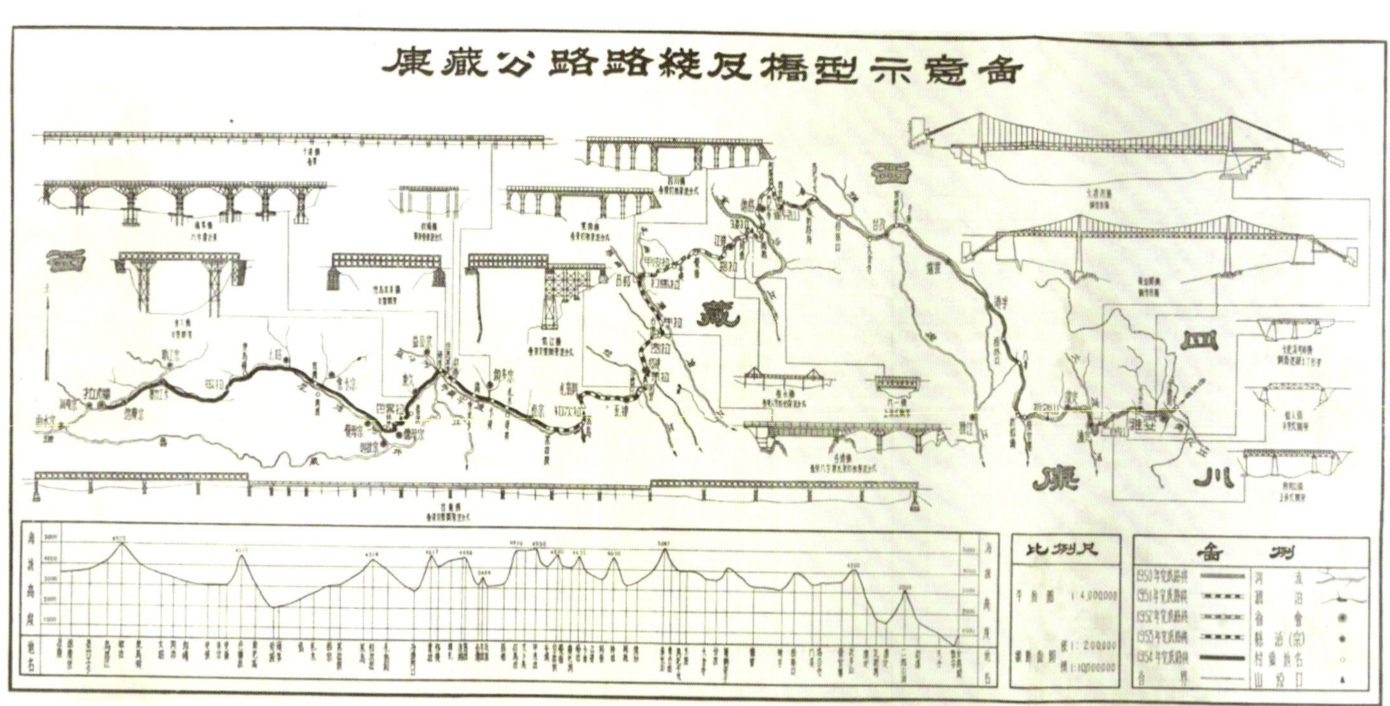

▲ 康藏公路路线及桥型示意图

1952—1954 年，测设队伍踏勘里程共计 6863.12 公里，为康藏公路马尼干戈至拉萨段新建公路里程的 4.4 倍。

◀ 为解决专业人才严重不足问题，西南交通专科学校（重庆交通大学前身）于 1951 年正式创建，穰明德任校长。图为穰明德（左五）率队踏勘康藏公路（供图：重庆交通大学）

▶ 测设人员翻山越岭、在深山峡谷中勘察路线。路线两侧山体脆弱不堪，时刻面临着落石的危险，稍有不慎便会滑入眼前的激流（来源：《川藏、青藏公路通车十年》）

▲ 康藏公路施工现场岩石破碎、灰尘遍布，当时的防护设备并不完善，测设人员的工作环境非常危险（供图：交通运输部档案馆）

▲ 在勘察色季拉山段路线时，高海拔和多变的气候使得测设工作困难重重（供图：交通运输部档案馆）

▲ 在路线勘察的过程中，经常需要攀登悬崖。测设人员时刻紧绷着神经，相互照看彼此（供图：交通运输部档案馆）

筑路故事·你们是世界屋脊第一条公路的开路先锋！

余炯，1907年生于四川，1934年毕业于武汉大学土木系，曾在江苏省公路局和四川省公路局工作。1951年，他成为昌都至拉萨公路踏勘队队长。余炯领导的踏勘队在寻找昌都至拉萨的捷径时，主要考察了南路和北路，最终南路因海拔较低、气候温和、资源丰富而被优先考虑。尽管缺乏通信设备和兵站，踏勘队仍然在极端恶劣的自然条件下，完成了3200余公里的勘测任务，翻越了60座大雪山。1952年9月，踏勘队完成任务返回昌都时，队员们衣衫破烂、胡须满腮、面黄肌瘦。筑路部队司令员陈明义和政委穰明德握紧他们的踏勘报告，忍不住流下了滚滚热泪：“欢迎你们！你们是世界屋脊第一条公路的开路先锋！”

▲ 测设人员在康藏公路施工现场进行复测工作（供图：交通运输部档案馆）

修筑

康藏公路全线土石方量超过 1900 万立方米，工程艰巨、施工困难，初期以军工为主，后期陆续增加工人，并动员各族民工参加修路。1952 年公路修至昌都后，为达到 1954 年通车拉萨的要求，自 1953 年开始，分别由昌都向西和拉萨向东同时修建。

打通二郎山是筑路大军进藏后第一次在高海拔地区作业。据记载，全长 2000 多公里的川藏公路，平均每公里有 1 名战士牺牲；二郎山路段，平均每公里有 7 名战士献出生命。

▲ 修路指战员和民工在二郎山工地岩石上作业（供图：四川省交通运输厅）

歌唱二郎山

1=♭E $\frac{2}{4}$

洛　水　词
时乐濛　曲

中速　热情地　有朝气地

1.二呀那二郎山，高呀么高万丈，
2.不怕那风来吹，不怕那雪花飘，
3.前藏那和后藏，真是呀好地方，

古树那荒草遍山野，巨石满山冈；羊肠小道那
起早那睡晚忍饥饿，个个情绪高；开山挑土那
无穷的宝藏没开采，遍地是牛羊；森林草原那

难行走，康藏交通被它挡那个被它挡。
架桥梁，筑路英雄立功劳那个立功劳。
到处有，人民财富不让侵略者他来抢。

二呀那二郎山，哪怕你高万丈，解放军铁打的汉，下决心
二呀那二郎山，满山那红旗飘，公路通了车，运大军
要巩固国防，先建设边疆，篷帐变高楼，荒山

坚如钢，要把那公路修到那西藏。
守边疆，开发那富源，人民那享安康。
变牧场，侵略者敢侵犯，把他呀消灭光！

（第三段唱完反复时要快）

D.S.

筑路故事·歌唱二郎山

二郎山施工面临极端天气和艰苦条件，海拔3437米的山体结构不稳定，易发生塌方。山上缺乏食物供应，战士们需采集野菜实现自给自足。此外，“四害”——雪、冻、雾、水严重影响交通，导致事故频发。《歌唱二郎山》这首歌曲由洛水填词，时乐濛作曲，孙蘸白演唱，于1951年发行，1952年获得全军文艺创作一等奖。歌曲的创作灵感来源于1951年夏天西南军区战斗文工团慰问筑路部队时，孙蘸白对修筑康藏公路的思考。

▲ 筑路大军在湍急的河流中清理河床，誓死保护路基（供图：交通运输部档案馆）

▲ 筑路大军在悬崖绝壁上劈山开路（供图：交通运输部档案馆）

◀ 筑路大军在松石地区施工。“松石”是康藏公路上一类不良地质结构的统称，包括岩堆（碎落塌方）、滑坡和崩塌等。岩石经过常年风化和气温悬殊变化演变成粗粒岩石，一般称为“岩堆”，其在康藏公路沿线随处可见，经常一碰即碎，威胁筑路大军的生命安全。图为筑路大军撬石场景（供图：交通运输部档案馆）

▶ 在康藏公路修建工地上，筑路大军要面临重重考验，风吹日晒已是常态，握着钢钎的手上布满厚茧，石块撞击导致浑身瘀青遍布（供图：重庆交通大学）

▲ 筑路大军面对大渡河滔滔激流，通过溜索吊桥将汽车送到对岸（供图：中交第二公路工程局有限公司）

▶ 1950 年 6 月，大渡河桥通车。图为满载物资的车队通过该桥（供图：四川省交通运输厅）

▲ 建设中的飞仙关大桥施工现场（来源:《战斗在世界屋脊》）

▶ 1951 年 5 月 15 日，飞仙关大桥竣工。该桥为二墩三孔，全长约 163 米，桥面净宽 4.5 米（供图：交通运输部档案馆）

◀ 在修建康藏公路过程中，工程师和战士们一起作业（供图：交通运输部档案馆）

▶ 为了早日打通道路，工程师和筑路工人们冒着突如其来的暴雨，咬紧牙关、顽强拼搏，一刻不曾懈怠（供图：交通运输部档案馆）

▲ 在修筑康藏公路的过程中，参建民工在极度恶劣的环境下不畏艰险，与筑路大军一同施工，发挥了重要作用（供图：西藏自治区交通运输厅、交通运输部档案馆）

▲ 在康藏公路修筑过程中，筑路大军克服重重困难，分层作业，创造了世界修路史上“吊板悬空作业”的奇迹，解决了当时在悬崖峭壁上修路的难题（供图：西藏自治区交通运输厅）

1952 年 12 月 1 日，《人民日报》发表毛泽东、朱德给康藏筑路大军和民工的题词。毛泽东的题词：“为了帮助各兄弟民族，不怕困难，努力筑路！”朱德的题词：“军民一致战胜天险，克服困难打通康藏交通，为完成巩固国防繁荣经济的光荣任务而奋斗！”①

▲ 筑路大军接受毛泽东题词旗帜时的热烈场景（供图：交通运输部档案馆）

① 《毛主席和朱总司令给康藏公路康定至昌都段筑路部队和民工的题词》，《人民日报》1952 年 12 月 1 日。

▲ 筑路大军接受朱德题词旗帜时的热烈场景（供图：交通运输部档案馆）

筑路故事·凶险怒江

怒江江面宽100米、水深20余米。怒江天险是指冷曲河汇入怒江前后的峡谷地带，10多公里的断壁悬崖直立江边。当地藏族同胞说这里是"猴子难攀援，野羊也不敢下山喝水"的地方。1953年6月，筑路大军挺进到怒江东岸。当时正值汛期，江水暴涨，流速每秒达6~7米，惊涛骇浪，声震如雷，两个人面对面都无法听清对方说话。筑路大军被怒江天险阻档，两岸是悬崖峭壁。筑路大军在波涛汹涌的急流上，架设人行钢索吊桥，用绳索拴住身子，在悬崖上修建进入工地的道路。

▲ 怒江岸边悬崖峭壁上的施工现场（供图：西藏自治区交通运输厅）

▶ 怒江两岸路基施工时修建的人行钢索吊桥（供图：西藏自治区交通运输厅）

▲ 1953 年 10 月 6 日，筑路大军战胜了怒江天险。上图为庆祝怒江桥通车典礼的盛况，下图为车队驶过怒江桥（供图：交通运输部档案馆、重庆交通大学）

1951 年 8—12 月，由慕生忠担任政委的第十八军独立支队从香日德出发进军西藏并初勘青藏线。第一次进藏路程极为艰险，牺牲了 26 名同志，死亡骡马 2000 多匹、骆驼 500 多峰、牦牛 200 多头。

◀ 1951 年，第十八军独立支队从香日德出发（来源:《慕生忠与青藏公路》）

▼ 1953 年，西藏军民粮食告急，西北军区成立西藏运输总队，慕生忠担任总队政委再次进藏，从青海、甘肃、陕西、宁夏等地征集 1000 多名民工和 27000 多峰骆驼。在这趟长达 7 个多月的运输中，有 30 名驼工和超过半数骆驼相继倒下。图为浩浩荡荡运输物资的骆驼队（来源:《慕生忠与青藏公路》）

1954 年 2 月，党中央确定由西北局承担修筑青藏公路的任务。5 月 11 日，青藏公路在格尔木破土动工。慕生忠率领筑路队在格尔木河畔、昆仑山口、楚玛尔河，靠着钢钎、铁锤、十字镐开启了一场向“生命禁区”进军的“战役”，修筑青藏公路的大幕就此拉开。

▲ 慕生忠在青藏公路工地（供图：西藏自治区交通运输厅）

筑路故事 · 这就是格尔木！

1954 年 5 月 11 日，慕生忠带领第一批 19 名干部、1200 多名民工组成的筑路大军，来到格尔木河畔荒滩。望着没有树木，没有人迹，只有杂乱枯草的大漠戈壁，随员问：“格尔木在哪里？”慕生忠毫不犹豫地说：“格尔木就在你的脚下！我们的帐篷搭在哪里，哪里就是格尔木。我们要做第一代格尔木人！”

高原地区稀薄的空气、巨大的温差以及恶劣的自然条件，无一不在考验着筑路大军的坚韧与毅力。

▲ 牦牛驮运队（来源：《慕生忠与青藏公路》）

▶ 筑路大军的山中营房（供图：西藏自治区交通运输厅）

▲ 施工现场的火热场景（供图：西藏自治区交通运输厅）

▶ 施工现场的火热场景（供图：西藏自治区交通运输厅）

筑路故事·天涯桥

1954年7月12日，慕生忠带领筑路队沿着新修的河岸公路顺利通过雪水河。在距离格尔木73公里处的达布增河与嘎果勒河汇流后的出口停住。峡谷很深，谷底水流湍急、浪涛汹涌，这里是进藏的咽喉，必须架桥。3天后，一座由几根木头组成的木桥飞跨在河岸上，这是青藏公路上架起的第一座桥。卡车能顺利通过木桥吗？没人能给出准确的答案。时任青藏线筑路队工程师邓郁清准备第一个坐车通行，慕生忠一把把他拽下，跳上了第一辆卡车，卡车驾驶员名叫徐云亭。邓郁清跑到对面去，趴在地上，他的手摆一下，驾驶员就走一下。胜利通过后，所有的工人都把锅碗瓢勺拿出来敲敲打打，他们3人抱在一起大哭。随着汽笛长鸣，10辆卡车依次通行，青藏公路的第一座桥经受住了考验。慕生忠给这座桥起名为天涯桥，“咫尺天涯”，其中的辛酸，也许只有经历过的人才能体会。

▲1954年，青藏公路天涯桥建成通车。1956年，中央代表团途经此地时，陈毅将此桥改名为“昆仑桥”。左图为矗立在峡谷之上的天涯桥（来源：《进军世界屋脊——修筑青藏公路散记》），右图为改建后的昆仑桥（来源：《历史的丰碑》）

▲ 青藏公路工程大部分在海拔 4000~5000 米的高原上进行，筑路大军面临高原缺氧的威胁，高原反应、晕厥、昏迷等情况时有出现，更严重的还会产生一系列并发症、后遗症，并伴随部分筑路人员的一生（来源：《战斗在世界屋脊》）

天堑通途

1954 年，康藏公路筑路大军在巴河大桥实现东段与西段会师，康藏公路至此全线通车。这次会师是在进藏修筑公路的过程中取得的重大进展，是人类征服自然、建设基础设施壮举的一个缩影。

▲ 筑路大军会师巴河大桥时的激动场景（供图：四川省交通运输厅、交通运输部档案馆）

◀ 藏族同胞慰问筑路大军（供图：西藏自治区交通运输厅）

▶ 英雄与模范见了面，他们亲切地相互拥抱（供图：交通运输部档案馆）

1954 年，交通部对康藏公路竣工通车典礼提出的原则性指导意见。以下为摘录[①]：

（一）康藏公路通车典礼须分别在拉萨、雅安同时举行。如青藏路同时通车，通车典礼亦拟同时举行。各地相距均太远，因此不必成立统一的通车典礼筹备委员会，可分别在两地（拉萨、雅安）成立康藏公路通车典礼筹备委员会。拉萨以西藏军区为主，会同西藏地方政府等有关单位组织拉萨通车典礼及西藏境内沿线有关通车的宣传工作。雅安以西康省人民政府为主，会同有关单位组织雅安通车典礼及西康省内沿线的宣传工作。其他有关通车计划方案及通车典礼以外之各项纪念筹备事宜，可由西南工程局及康藏公路修建司令部请示西藏工委及西南财委三办会同办理。需要中央决定者报中央决定。

（二）所需经费，我部同意在工程费其他间接费项目中列支。由西南公路工程局根据节约原则联系西康省人民政府及西藏解决。

▲ 拉萨河桥是通往拉萨的最后一座桥梁，也是康藏、青藏公路的联结点。1954 年通车的拉萨河桥是一座由木桩、木墩和贝雷梁组成的钢木结合桥梁。图为 1954 年拉萨河桥施工场景（供图：中交第二公路工程局有限公司）

① 四川省交通运输厅交通史志总编室：《川藏公路简史》，新华出版社 2022 年版，第 66 页。

康藏、青藏公路通车前日，交通部和交通部政治部向筑路人员发出贺电[①]：

拉萨、雅安、西宁庆祝康藏、青藏公路通车典礼筹备委员会转参加康藏、青藏公路修建工程的全体指战员、职工和民工们：

康藏、青藏两公路同时正式通车了。这是胜利了的中国人民在国家总任务的照耀下，继祖国经济建设上的许多伟大成就中的又一辉煌成就，这是中国人民战胜大自然的创举，这是我国交通建设事业上的又一伟大胜利。

康藏、青藏两公路全线通车开辟了祖国内地和西藏地方间的交通大道，对于巩固各民族间及藏族人民间的团结具有重大意义；对于促进西藏人民和沿线各民族人民经济文化的发展具有极重大的作用。

康藏、青藏两公路地处高原，空气稀薄，人烟稀少，供应困难。加上线路通过众多的高山、激流，穿过冰川、流沙、森林、泥沼和沙漠地带，工程特别困难艰险。但全体参加筑路的指战员及职工同志们在中国共产党和毛主席的英明领导和亲切关怀下，在西南、西北党、政、军领导机关的直接指导下，在苏联专家的热心无私的帮助下，在全国各地人民特别是藏族人民的支援下，你们以出色的革命英雄气概，高度的爱国主义精神，排除万难，战胜自然，完成了任务，并且涌现了许多英雄人物，创造了不少先进经验，留下了许多可歌可泣的英雄业迹。

借此通车典礼之际，特向英雄模范功臣们致敬！向全体指战员职工和民工同志们致谢！向在筑路中因工受伤或积劳成疾的同志们致以慰问，向在筑路中不幸牺牲的烈士们敬致哀悼！

亲爱的同志们！你们胜利地完成了康藏、青藏两公路的通车任务，今后更希望加强路线养护，有计划的改善路况，提高路线标准。响应伟大领袖毛主席的指示，为巩固各民族人民的团结，建设祖国而奋斗！

中华人民共和国交通部　中华人民共和国交通部政治部

1954 年 12 月 24 日

① 《交通部和交通部政治部电贺康藏青藏公路全体筑路人员》，《人民日报》1954 年 12 月 25 日。

1954 年 12 月 25 日，康藏、青藏公路全线通车。由中国人民解放军，西藏、四川和青海等省份的人民群众及工程技术人员组成的筑路大军，在极为艰苦的条件下，在“人类生命禁区”书写了公路建设奇迹。

▲ 通车典礼大会全景（供图：交通运输部档案馆）

▲ 军民在布达拉宫前夹道欢迎进藏车队（供图：西藏自治区交通运输厅）

▲ 雅安各界庆祝康藏公路通车（供图：交通运输部档案馆）

▲ 西宁市举行青藏公路通车仪式

◀ 载着藏族少年儿童的汽车准备驶进康藏、青藏公路通车典礼庆祝会场（供图：四川省交通运输厅）

▶ 通车典礼前，汽车开到拉萨（供图：西藏自治区交通运输厅）

▲ 庆祝康藏、青藏公路通车典礼现场（供图：四川省交通运输厅）

▲ 康藏公路筑路英雄“张福林班”班长文绍华（左）、青年英雄杨茂武（右），在康藏、青藏公路通车典礼大会观礼台（来源：《战斗在世界屋脊》）

▲ 拉萨市藏族同胞献花队（供图：交通运输部档案馆）

▲ 庆祝康藏、青藏公路通车典礼现场观礼台上的代表们。左图为功臣模范代表，右图为西藏地方代表（供图：交通运输部档案馆）

▲ 康藏公路的通车给藏族人民带来了经济繁荣和美好生活。汽车行驶在怒江流域，沿途的藏族人民赶来观看（供图：交通运输部档案馆）

▲ 公路通车后，藏族人民坐上了汽车。图为甘孜车站旅客们按次上车（供图：交通运输部档案馆）

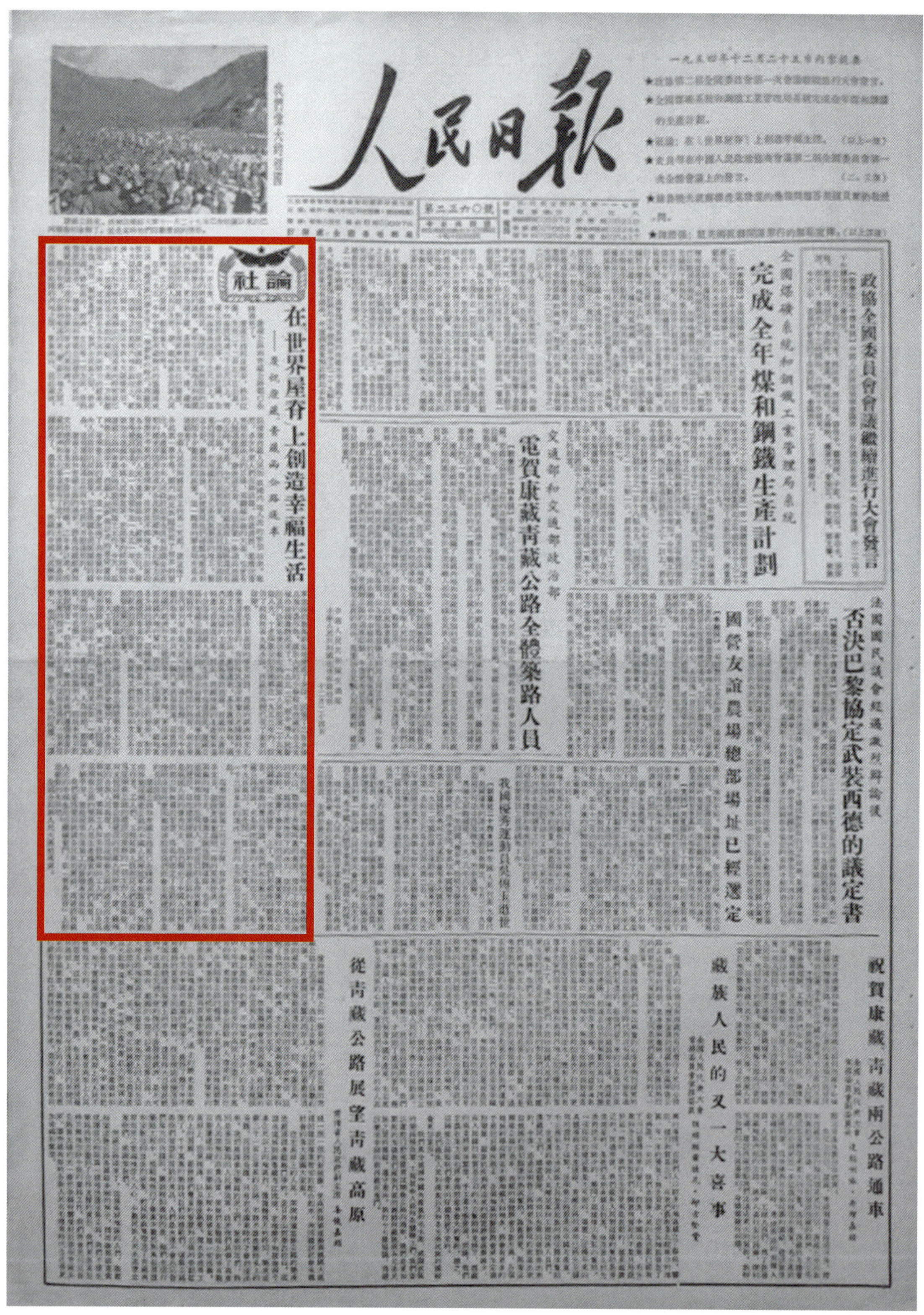

人民日報

社論

在世界屋脊上創造幸福生活
——慶祝康藏、青藏兩公路通車

交通部和交通部政治部
電賀康藏青藏公路全體築路人員

全國煤礦系統和鋼鐵工業管理局系統
完成全年煤和鋼鐵生產計劃

政協全國委員會會議繼續進行大會發言

法國國民議會經過激烈辯論後
否決巴黎協定武裝西德的議定書

國營友誼農場總部場址已經選定

我國優秀運動員吳傳玉逝世

從青藏公路展望青藏高原

藏族人民的又一大喜事

祝賀康藏、青藏兩公路通車

▲ 1954 年 12 月 25 日，《人民日报》发表社论《在世界屋脊上创造幸福生活——庆祝康藏、青藏两公路通车》

1955 年 2 月 2 日，毛泽东授予康藏、青藏公路筑路人员锦旗典礼大会在拉萨举行。锦旗上的题词为：“庆贺康藏、青藏两公路的通车，巩固各民族人民的团结，建设祖国！”[①]

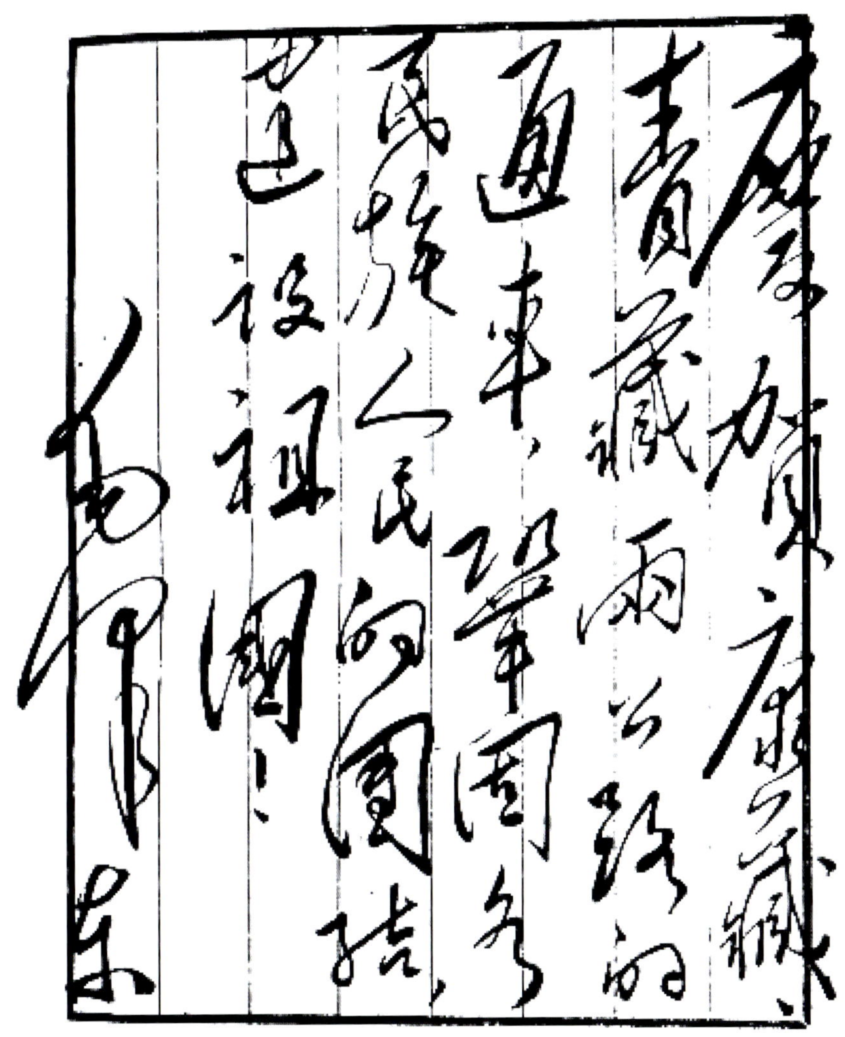

▲ 毛泽东为康藏、青藏两公路通车题词

① 《毛主席授予康藏青藏两公路筑路人员锦旗》，《人民日报》1955 年 2 月 4 日。

英模群像

康藏公路的建设过程中，涌现出一大批优秀的工程技术人员的感人事迹。如探险英雄崔锡明，渡江英雄李文炎，爆破英雄杨茂武、高福印，千锤英雄杨海银，架桥英雄王洪才和带领兄弟民族工人施工的模范李国卿、向国屏、叶春生等，工人特等劳动模范周清山、罗明青、李洪开等，工程师张天翔、齐树椿、李鲁卿、余炯、姚庄、张北荫等，医务工作者蒋健明等，以及在高原安全行车37000多公里的特等模范汽车驾驶员路超，特等功臣陈瑞盘，模范驾驶员李堂生和支援康藏公路运输的藏族女模范曲梅巴贞，藏族女民工劳动模范央尼，沙当宗女劳动模范白珠……并且有不少的先烈们，如技术员陈荣俊，中国人民解放军某部班长、共产党员张福林等，他们为了祖国建设而献出了自己宝贵的生命。①

筑路故事·在全国公路劳模大会上一批边疆公路建设者荣获奖章②

齐树椿　康藏公路第二测设总队队长，徒步翻越百余座雪山峻岭，行程4万余里，依靠双眼和罗盘，为踏勘选线作出了重要贡献。1953年底，康藏公路在建段时遭遇古乡冰川泥石流险情，连苏联专家也说“从未见过如此大规模的泥石流”。齐树椿带队探明冰川病害原理，保障了康藏公路如期通车拉萨。长期的恶劣环境和营养不良，使其视力受损，其事迹被创作为连环画《揭开冰川的秘密》。

李鲁卿　1953年，康藏公路建设推进到被当地群众形容为“猴子难攀援，野羊也不敢下山喝水”的怒江天险。该路段测设工作进度已经落后，筑路大军面临停工的风险。李鲁卿作为测量队长，白天选线，晚上还要进行设计工作直至深夜，即便是大雪后腰疼病发坐卧困难，他仍一手持杖一手撑腰指挥工作。李鲁卿带队走遍怒江沿线所有可能的线路，最终测设出了新中国公路史上最为著名的奇路——怒江七十二道拐。

① 康藏公路修建司令部修路史料编纂委员会：《康藏公路修建史料汇编》，人民交通出版社1955年版，第49页。
② 《公路运输工人报——全国第一次公路劳动模范代表大会专刊》，1955年5月12日。

▲ 1950 年，张福林加入第十八军筑路部队，参与康藏公路建设。他从机枪手转为炮兵，再转为工兵，面对新领域总是从零开始，毫无怨言。在雀儿山修路期间，张福林白天在岩壁上打炮眼，晚上学习爆破技术，并提出“放大炮法”，提高了工效，节约了炸药，因此得到推广。1951 年 12 月 10 日，张福林在工地检查时不幸被石头砸中而牺牲。他被追授“模范共产党员”称号、一等功，所在班被命名为“张福林班”。图为“全国人民慰问人民解放军代表团”慰问康藏筑路部队时，向张福林烈士致哀（来源：《战斗在世界屋脊》）

▲ 杨海银，男，中共党员，第十八军战士，1950 年参与解放西藏，负责修建公路。1951 年冬天，第五十三师和第五十四师共 12000 人开始打通雀儿山。雀儿山主要由板岩构成，主要工程是开凿土石方，需使用 7 斤多重的铁锤开凿，战士们在氧气稀薄的环境下体力消耗巨大。起初每人最多能打 500 锤，后来杨海银把纪录提升至 1000 锤，被誉为“千锤英雄”

（1955—2012.10）

大事记

1958 年 1 月 10 日，青藏公路交通运输管理局成立。该局设在青海省格尔木市，归交通部公路总局领导。

1958 年 5 月 5 日，青藏公路沱沱河大桥动工兴建，9 月 14 日建成通车。

1959 年 7 月 13 日，中央同意交通部党组关于加强西藏交通运输工作的请示报告。为了恢复川藏公路拉萨至昌都段和拉萨至泽当段，责成交通部党组立即组织力量进行施工。

1961 年 5 月，青藏公路 111 道班至土门格拉煤矿公路建成。

1963 年 3 月 15 日，川藏公路南线东俄洛至邦达段建成。

1964 年 9 月 17 日，青藏公路通天河大桥建成通车。

1975 年 3 月，青藏公路格尔木至三岔河段竣工。

1975 年 4 月—1977 年 11 月，青藏公路西宁至格尔木段按“尽量利用原路，改善路型，整治病害，提高路面，添建桥涵”的原则进行改建。改建路段长 782 公里，全段达三级公路标准，少数地段为二级公路标准，基本实现路面黑色化。

1979 年 8 月 29 日，青藏公路格尔木至唐古拉山口段由青海交西藏管养。

1981 年 11 月 30 日，国家计委、国家经委、交通部联合印发《关于划定国家干线公路网的通知》，青藏公路唐古拉山口至拉萨段列入国道 109 线，滇藏公路经芒康至青藏两省（区）边界的多普玛段列入国道 214 线，新藏公路界山达坂经狮泉河、仲巴至拉孜段列入国道 219 线，川藏公路岗托经昌都至那曲段列入国道 317 线，川藏公路南线竹巴笼经邦达、拉萨、日喀则至聂拉木段列入国道 318 线。

▼ 国道 318 线天全二郎山段。左侧道路为现在的国道 318 线，右侧道路为二郎山隧道未通车前的老路（供图：四川省交通运输厅）

1982 年 5 月、1983 年 1 月、1984 年 4 月、1985 年 2 月，青藏公路施工运输协调小组四次召开会议，研究措施保障青藏公路改建和进藏物资运输任务顺利完成。

1985 年 8 月 26 日，青藏公路格尔木至拉萨段改建工程竣工，经国家验收委员会检查验收合格，9 月 1 日起交付使用。

1985 年 9 月 5 日，川藏、青藏公路通车三十周年暨两路通车纪念碑落成。

1990 年 12 月 1 日，交通部决定，命名青藏公路管理局 109 道班为“天下第一道班”。

1991 年 6 月 15 日，川藏公路整治工程经国家计委批准立项。整治重点为川藏公路南线，全长 2165 公里，按三级公路标准进行改建和整治。

1996 年 8 月，青藏公路（格尔木—拉萨段）整治工程（第一期工程）竣工。该工程于 1991 年 8 月开工建设。

1999 年 9 月，青藏公路（格尔木—拉萨段）整治工程（第二期工程）竣工。该工程于 1996 年 8 月开工建设。

2001 年 1 月 12 日，川藏公路二郎山隧道工程全面通车。该工程包括二郎山隧道、别托山隧道、和平沟大桥及山岭重丘区三级公路接线等。

2002 年 5 月—2003 年 10 月，青藏公路开展第三期整治改建工程，对格尔木至拉萨段病害严重的路段进行全面整治。

2006 年 5 月 24 日，川藏公路海子山至竹巴笼隧道群全线贯通。该隧道群共有 7 处隧道，总长 11.36 公里。

2008 年 1 月— 2010 年 11 月，青藏公路开展改建完善工程，格尔木至拉萨段全线达到二级公路技术标准。

2010 年 4 月，国道 318 线川藏公路业拉山至八宿段改建工程开工。

2011 年 5 月，国道 318 线川藏公路东俄洛至海子山段改建工程开工，包括高尔寺山隧道、理塘隧道、剪子弯山隧道 3 个隧道工程。2014 年 12 月 10 日，改建工程通过交工验收。

2011 年 6 月，国道 317 线四川省雀儿山隧道工程开工，2016 年 11 月完工。

2012 年 7 月 3 日，国道 318 线川藏公路 102 滑坡群、通麦至 105 道班段整治改建工程开工。

艰苦改造

川藏公路建成后，受当时经济状况、自然条件、技术能力等因素影响，公路抗灾能力较弱，时断时通。1956 年起，交通部和四川、西藏两地交通部门组织数万人，建设东俄洛至邦达公路，形成川藏公路南北双通道。伴随西藏那曲至昌都公路的建成通车和四川甘阿地区公路的建设，后来形成自成都经阿坝、甘孜、昌都、那曲，再经青藏公路南段入藏的川藏大北线。

建成初期的川藏公路
新都桥（东俄洛）至邦达段，今属国道 318 线
成都至炉霍段、昌都至那曲段，今属国道 317 线
那曲至拉萨段，今属国道 109 线

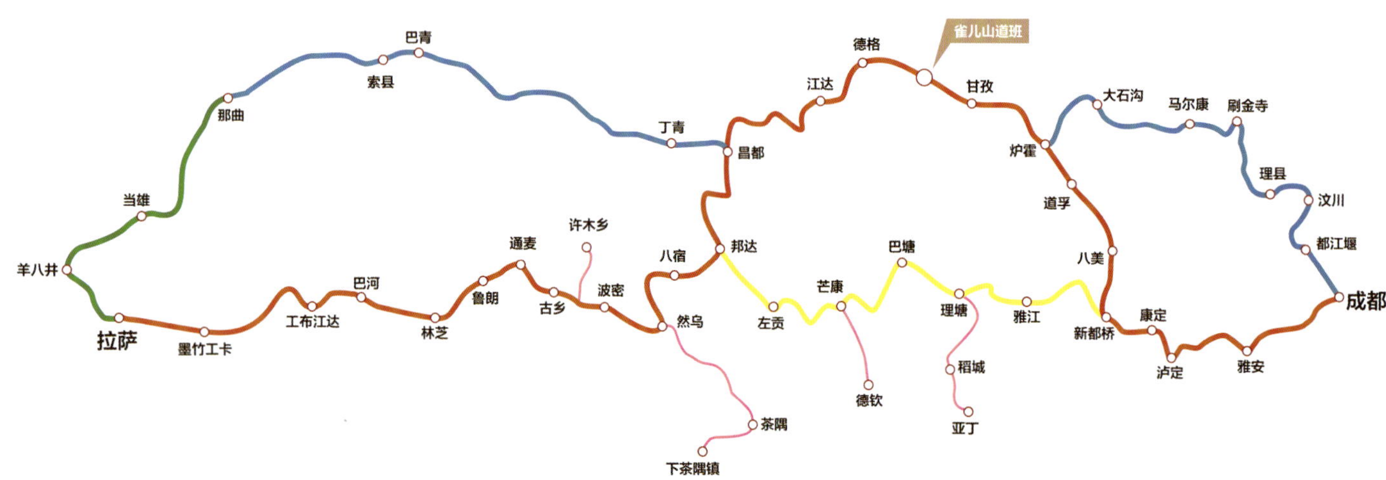

▲ 川藏公路南北线示意图

1954 年通车的拉萨河桥因系抢修而成，经过多年使用，损坏严重。1960 年开始筹建新拉萨大桥，1965 年 8 月 25 日通车。

◀ 拉萨河双桥。图中右侧是 1954 年修建的钢木结合临时桥，左侧是 1965 年新建的钢筋混凝土 T 形刚构桥（供图：中交第二公路工程局有限公司）

▶ 西藏拉萨大桥，1965 年 8 月建成通车（供图：中交第二公路工程局有限公司）

党的十一届三中全会以后，我国经济得到快速发展，交通发展步入快车道，二郎山隧道、鹧鸪山隧道、二康路、国道318线改造等重点工程相继开工。

◀ 二郎山隧道开工时是国内最长、埋藏最深、海拔最高、地应力最大，且地质条件极为复杂的特长山岭公路隧道。图为二郎山隧道洞口（供图：中交第一公路勘察设计研究院有限公司）

▶ 二郎山隧道出口至康定段（供图：四川省交通运输厅）

▲ 鹧鸪山隧道被专家称为“‘生命禁区’的高原隧道病害博物馆”。图为国道 317 线鹧鸪山隧道（供图：四川省交通运输厅公路局）

▲ 二康路起于二郎山隧道西出口引道终点，止于康定城东，是进入四川甘孜、西藏的咽喉要道，路线全长 74.63 公里。公路于 2001 年 12 月 30 日开工建设，2004 年 9 月 17 日通过交工验收（供图：四川甘孜州公路建设服务中心）

▲ 国道 318 线海竹段（海子山至竹巴笼段及雅江过境段）改建工程于 2003 年开工，2007 年完成交工验收（供图：四川甘孜州公路建设服务中心）

▲ 雅江特大桥（供图：四川甘孜州公路建设服务中心）

▲ 跨越大渡河的康巴特大桥（供图：四川省交通运输厅）

自 1956 年起，青藏公路经历过数次改建，行车条件不断改善，行车时间大幅缩短。

▲ 劈开羊八井，直下拉萨（供图：西藏自治区交通运输厅）

◀ 1964 年，由交通部第二公路工程局等单位对青藏公路西宁至倒淌河段进行施工，青藏公路开始出现黑色路面。图为铺设黑色路面（供图：中国交通报社）

1975 年，为落实青藏公路西宁至格尔木段基本实现路面黑色化的部署要求，青海省交通厅组织人员对西宁至格尔木段原编制的设计文件进行两次现场复查，并组织施工，于 1977 年基本完成，遗留工程于 1978 年完成。

▲ 20 世纪 70 年代，行驶在沥青路面上的运输车

1985 年 8 月 26 日，青藏公路改建工程通过国家验收，并在拉萨举行鉴定验收仪式。改建后的青藏公路，路基宽 10 米，路面铺设沥青。

▲ 1985 年 8 月 26 日，青藏公路改扩建工程验收会合影

艰难整治

新旧之变·怒江大桥

1953 年怒江大桥建成时是一座便桥，1973 年由于便桥老旧（现在只剩一个桥墩），出于安全考虑，新建一座钢筋混凝土双曲拱桥。2013 年 12 月，为确保这座钢筋混凝土桥安全通行，在其上又架设了一座预应力混凝土连续梁桥。2016 年 12 月 18 日，新的怒江大桥正式通车。

▲ 1953 年怒江大桥建成时是一座便桥，1973 年改建为钢筋混凝土桥

▲ 钢筋混凝土桥全貌（供图：武警某部）

▲ 川藏线怒江天堑“两桥一墩”全貌（供图：西藏自治区交通运输厅）

新旧之变 · 102 滑坡群

102 滑坡防治工程是整个川藏公路病害治理的关键所在，其所在区域为高山峡谷地貌，地质结构复杂，河流的强烈冲刷，地下水、地表水以及地震作用严重影响着由碎裂岩体和第四纪冰碛物构成的滑坡区的稳定性。

◀ 102 滑坡群（供图：中国交通报社）

▲ 102 滑坡治理后 2 号滑坡路段景象（供图：中国交通报社）

1991—1996 年、1996—1999 年，青藏公路分别开展了两期整治工程，公路达到二级标准。2000 年以来，青藏公路地质灾害路段整治投资力度加大，完成改建完善工程，逐步实现全段道路黑色化。

◀ 青藏公路第一期整治工程整治改建公路 339.27 公里，主要冻害地段路况得到改善，全线桥涵通过能力提高，正常行车速度，小客车可达 80 公里 / 时，货车可达 50~60 公里 / 时。

▶ 青藏公路整治施工现场（供图：中交第一公路勘察设计研究院有限公司）

▲ 青藏公路第二期整治工程整治公路203.61公里，完成大中型桥梁9座，小桥14座，涵洞328道、4846.65米，以及防护工程和沿线养护配套等设施。图为整治后的青藏公路

▲ 青藏公路整治施工现场（来源:《历史的丰碑》）

2002—2003 年，青藏公路开展多年冻土区的路基路面桥涵病害整治，并对局部路段进行改建。

2008—2010 年，青藏公路开展改建完善工程，对病害路段进行整治。工程采用二级公路标准建设，改建完善公路 535 公里。

▲ 沥青摊铺作业（来源:《历史的丰碑》）

▲ 整治改建后的青藏公路那曲段

艰辛养护

1955 年，康藏公路管理局在昌都成立，负责康藏公路的运输和养护工作。

▲ 二郎山路段养护（供图：中国交通报社）

▶ 雀儿山塌方抢救现场（供图：交通运输部档案馆）

养路故事·雀儿山五道班

雀儿山顶路段海拔5000米左右，缺氧、缺水、缺柴、缺菜、缺路面养护材料，最低温度为零下30~40摄氏度，素有“生命禁区”之称，工作和生活条件十分艰苦。1954年，为了保障这条大动脉的畅通，雀儿山五道班正式设立。道班驻地海拔4889米，是全线海拔最高的道班。在这个山鹰都难飞越的地方，一代代养护工人们齐心协力，克服困难，保证了雀儿山路段这一高原咽喉的畅通。

◀ 雀儿山五道班（供图：四川省交通运输厅公路局）

▶ 陈德华

养路故事 · 雪域高原"铺路石"

陈德华，男，藏族，中共党员，1958年2月出生，四川德格人。1988年成为雀儿山五道班第十六任班长，也是第一任藏族班长。他在"生命禁区"上驻守了20年，被誉为雪域高原的"铺路石"和"川藏线上的生命守护神"，被授予"全国劳动模范""全国优秀共产党员"称号，荣获全国五一劳动奖章。

▲ 2017年，随着世界上第一座海拔4300米以上的超特长公路隧道——雀儿山隧道正式通车，雀儿山五道班正式撤班（供图：四川省交通运输厅）

武警交通部队[①]在川藏公路日常养护、保通保畅、抢险救灾中作出了巨大贡献。面对恶劣的自然环境和艰苦的工作条件，武警战士们不畏艰险，用实际行动确保了公路的正常运行和人民的安全出行。

◀ 连夜修补路面坑槽（供图：西藏自治区交通运输厅）

▶ 然乌湖段道路巡查（供图：西藏自治区交通运输厅）

① 中国人民武装警察交通部队前身为中国人民解放军基建工程兵，1985 年编入武警部队序列，受交通部和武警总部的双重领导，1999 年转隶武警总部统一管理。2018 年，武警交通部队建制、番号被撤销。

川藏公路沿线地理条件复杂，经常面临地质灾害、气候灾害造成的损坏，应急保通是沿线养护管理部门和武警交通部队的重点工作内容。

◀ 养护工人在国道318线色季拉山路段救助过往驾乘人员（供图：西藏自治区交通运输厅）

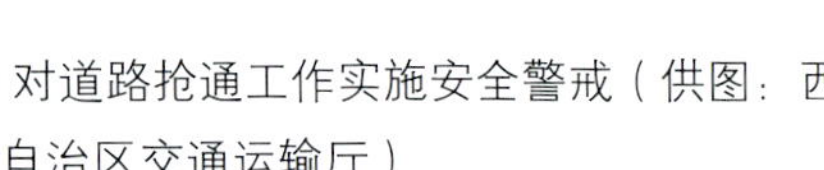

▶ 对道路抢通工作实施安全警戒（供图：西藏自治区交通运输厅）

▲ 利用大型抢通设备沿山体开辟道路（供图：西藏自治区交通运输厅）

▲ 在怒江沟抢通泥石流损毁路段（供图：西藏自治区交通运输厅）

▲ 在海通沟段营救灾害滞留游客（供图：西藏自治区交通运输厅）

▲ 采取“双向掘进”方法抢通路基垮塌道路（供图：西藏自治区交通运输厅）

1955 年，青藏公路管理局在格尔木成立，负责青藏公路的运输和养护工作。

▲ 大柴旦养护段 1964 年职代会留影（供图：青海省交通运输厅）

▲ 20 世纪 70 年代，青海养护工人养路时，赶的是毛驴车，住的是“干打垒”道班房，用的是铁锹洋镐，养护的是尘土飞扬的砂石路（供图：中国交通报社）

▲ 青藏公路养护工人正在清除积雪（来源:《川藏、青藏公路通车十年》）

▶ 养护工人设计制作的畜力刮路机正在进行作业（来源:《川藏、青藏公路通车十年》）

◀ 青藏公路可可西里路段平均海拔4800米以上，以高寒缺氧、气候恶劣多变著称。1993年，五道梁路段的养护工人们克服重重困难，在“生命禁区”养护公路

▶ 1995年，青藏公路当雄养护段三八女子道班正在做午餐

▲ 青藏公路局于20世纪90年代购置的移动筛分机（供图：西藏自治区交通运输厅）

▶ 青藏公路局于20世纪90年代购置的LTO1.5型沥青加热脱水脱桶设备（供图：西藏自治区交通运输厅）

养路故事·天下第一道班

1990年12月1日，交通部印发《关于命名青藏公路管理局109道班为“天下第一道班”的决定》，指出“青藏公路管理局安多养路段109道班，在海拔五千米的青藏高原上，在特别困难的条件下，为确保青藏公路畅通，辛勤工作，无私奉献，做出了突出成绩”。海拔5231米的唐古拉山口，是青藏公路最高点，年平均气温零下8摄氏度，最低气温零下40摄氏度，空气中含氧量不到海平面的一半，一年中有120天刮8级以上大风。在这样的环境下，养护工人一年365天驻守保通，喊出了“养路为业、道班为家、人在路上、路在心上”的口号。

▲ 驻守在唐古拉山口的109道班（来源：《历史的丰碑》）

▲“天下第一道班”集体合影

▲ 奋战在国道 109 线妥巨拉山口段（海拔 5100 多米）的养护工人（供图：中国交通报社）

青藏公路位于高寒高海拔冻土地区，气候条件恶劣，经常出现冰冻雨雪灾害，沿线养护管理部门组建应急保通队伍，帮助受阻人员、保障公路通行。

▶ 清雪保通（供图：青海省交通运输厅）

◀ 交通应急保障队伍行驶在唐古拉山口（供图：中国交通报社）

▶ 帮助通行受阻的驾乘人员（供图：西藏自治区交通运输厅）

艰巨科研

问路故事 · 攻克高原冻土

1973 年，青藏公路科研组成立，开启在高原冻土上修筑沥青路的征程，拉开交通人探究冻土这一“天问”的历史序幕。

1987 年，“青藏公路多年冻土地区黑色路面的修筑技术”获国家科学技术进步奖一等奖。

2008 年，“多年冻土青藏公路建设和养护技术”获国家科学技术进步奖一等奖。

2023 年，国家重点研发计划项目“青藏高原冻土区公路路基治理改造技术”启动。

◀ 20 世纪 70 年代，技术人员在严寒冻土地区现场勘测（供图：交通运输部公路科学研究院）

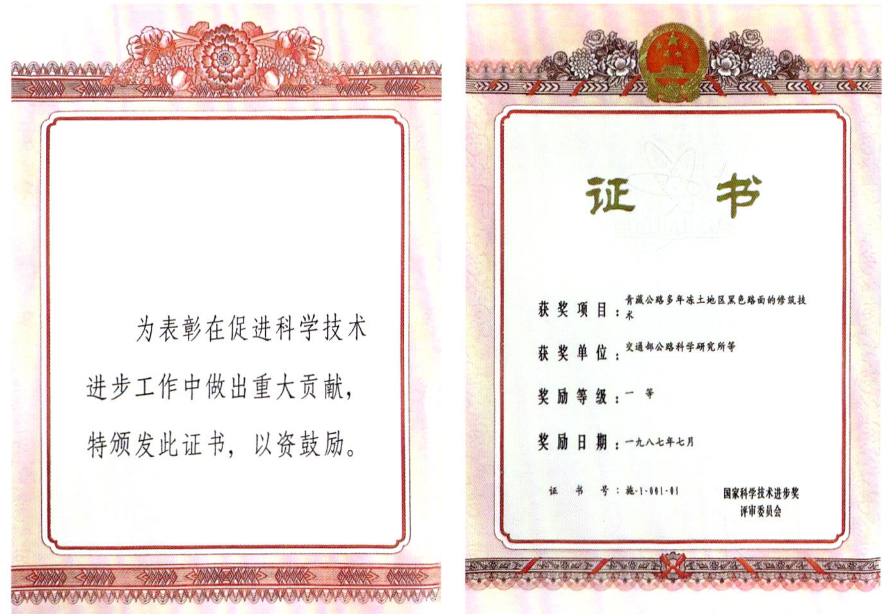

▲ 1987 年，“青藏公路多年冻土地区黑色路面的修筑技术”获国家科学技术进步奖一等奖（供图：交通运输部公路科学研究院）

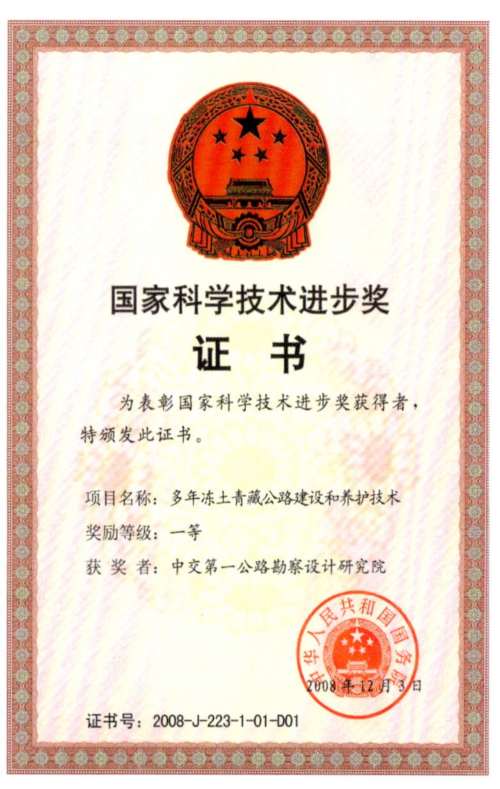

国家科学技术进步奖

证　书

为表彰国家科学技术进步奖获得者，特颁发此证书。

项目名称：多年冻土青藏公路建设和养护技术

奖励等级：一等

获 奖 者：中交第一公路勘察设计研究院

中华人民共和国国务院

2008年12月3日

证书号：2008-J-223-1-01-D01

◀ 2008年，"多年冻土青藏公路建设和养护技术"获国家科学技术进步奖一等奖（供图：中交第一公路勘察设计研究院有限公司）

▲ 冻土科研团队在青藏公路开展科研工作（供图：中交第一公路勘察设计研究院有限公司）

▲ 青藏高原韧性交通基础设施攻关团队在项目一线（供图：交通运输部公路科学研究院）

国家科学技术进步奖

证　书

为表彰国家科学技术进步奖获得者，特颁发此证书。

项目名称：重载水泥混凝土铺面关键技术与工程应用

奖励等级：二等

获 奖 者：交通运输部公路科学研究所

2018年12月12日

证书号：2018-J-22301-2-03-D02

▲“重载水泥混凝土铺面关键技术与工程应用”获国家科学技术进步奖二等奖（供图：交通运输部公路科学研究院）

▶ 青藏公路采用热棒技术治理高原冻土病害

奋进新时代

（2012.11—2024）

大事记

2014年8月，习近平总书记就川藏、青藏公路通车60周年作出重要批示，要求进一步弘扬“两路”精神，助推西藏发展。习近平强调，新形势下，要继续弘扬“两路”精神，养好两路，保障畅通，使川藏、青藏公路始终成为民族团结之路、西藏文明进步之路、西藏各族同胞共同富裕之路。①

2015年11月26日，国道318线通麦至105道班整治改建项目控制性工程——迫龙沟特大桥顺利合龙。

2016年4月13日，国道318线川藏公路102滑坡群和通麦至105道班段整治改建工程正式通车。

2018年12月31日，四川雅安至康定高速公路全线通车。

2020年11月，习近平总书记对川藏铁路开工建设作出重要指示，强调发扬“两路”精神和青藏铁路精神，科学施工、安全施工、绿色施工，高质量推进工程建设。②

2024年6月30日，国道318线芒康县如美镇至曲登乡登巴村西藏最长单洞双向公路隧道觉巴山隧道正式通车。

▲ 雅康高速公路上的泸定大渡河大桥（兴康大桥）。2019年6月，在第36届国际桥梁大会上，该桥荣获古斯塔夫·林德撒尔金奖（供图：四川省交通运输厅）

① 《习近平就川藏青藏公路建成通车60周年作出重要批示　强调要弘扬“两路”精神　助推西藏发展》，《人民日报》2014年8月7日。
② 《习近平对川藏铁路开工建设作出重要指示强调　发扬“两路”精神和青藏铁路精神　高质量推进工程建设》，《人民日报》2020年11月9日。

民族团结之路

昔日川藏、青藏公路被藏族人民称作“幸福的金桥”“吉祥的彩虹”，党的十八大以来，众多“金桥”“彩虹”如格桑花般扎根、绽放。

▲ 硬化路改善了民族地区生存与发展条件，让阿坝州黑水县知木林镇弼石村群众出行更畅通、舒适、便捷，一条条公路绘就民族团结新画卷（供图：四川省交通运输厅）

▲ 公路修通后，给藏族人民带来了先进的耕种方法。图为人民解放军景子君同志在教巴金家使用马拉犁（供图：交通运输部档案馆）

► 武警官兵利用工作间隙到古乡武警爱民小学辅导学生（供图：武警某部）

▲ 林芝市米林市格嘎村农村公路（供图：西藏自治区交通运输厅）

▲ 昌都市芒康县农村公路（供图：中国交通报社）

▲ 西藏林芝的新农村风光（供图:《中国公路》杂志社）

▲ 从川藏公路业拉山上向南俯瞰盘山公路藏族村寨全景（供图:《中国公路》杂志社）

为提升交通基础设施条件、改善居民出行环境，四川省开展了“甘推”[①]等一系列工程，以甘孜藏族自治州的色达县，阿坝藏族羌族自治州的黑水县、小金县、壤塘县为代表的贫困县，民生条件得到极大改善。

▲ 作为“甘推”工程典范项目的省道 216 线、省道 217 线理塘至亚丁公路（供图：四川省交通运输厅）

① “甘推”即“甘孜藏族自治州公路建设推进方案”，该工程旨在通过建设高速公路、干线公路和农村公路，提升甘孜州的交通基础设施水平，促进当地社会稳定、资源开发和旅游发展。

▲ 国道 351 线夹金山公路（供图：四川省交通运输厅）

▲ 阿坝州壤塘县中壤塘镇至南木达镇公路（供图：四川省交通运输厅）

▲ 在甘孜州巴塘县农村公路上行驶的“金通工程”[①] 车辆（供图：四川省交通运输厅）

① “金通工程”是四川省交通运输厅于2020年提出的一项民生实事项目，是乡镇及建制村通客车的提质升级版。“金通工程”以统一乡村客运标识、统一招呼站（牌）、统一车辆外观、统一从业人员标识为抓手，以建设美丽清新、安全绿色、便捷优质、精细管理乡村客运为主要任务，建设人民满意的乡村客运服务体系。

◀青海省海东市乐都区南山大通道（来源：青海省公路局）

▲ 国道 310 线大力加山经循化至隆务峡高速公路（供图：青海省交通运输厅）

邮路故事·雪线邮路的幸福使者

其美多吉，男，藏族。1989年成为邮车驾驶员，承担川藏邮路甘孜到德格段的邮运任务。他爱岗敬业，30年如一日，驾驶邮车在平均海拔3500米的雪线邮路上运送邮件，累计行驶里程140多万公里，没有发生一起责任事故。他无私奉献，以螺丝钉精神紧紧钉在川藏线上，为促进西藏经济社会发展作出了积极贡献，被群众誉为“雪线邮路的幸福使者”。2019年1月25日，荣获“时代楷模”称号。

▲ 冰雪天气，其美多吉在雪线邮路凿冰取水

车辆行驶在环境优美的林芝至拉萨高等级公路上（供图：西藏自治区交通运输厅）

文明进步之路

党的十八大以来，进出藏通道提质升级，现代化公路网络逐步形成，自驾游热点线路保通保畅和应急保障得到进一步强化，公路沿线服务供给力度大幅增强，实现了沿线文旅产业的快速健康发展。

▼雅西高速公路双螺旋隧道。铁寨子隧道是雅西高速公路从西昌往雅安方向的第一个螺旋式桥隧相连的路段，其中铁寨子 1 号隧道出口的海拔是 2215.79 米。借助铁寨子隧道群，在几分钟行程内，可将路面海拔直接降低 100 多米。铁寨子隧道与干海子隧道构成了雅西高速公路上独特壮观的双螺旋隧道群景观（供图：四川路桥交建集团桥梁分公司）

▲ 拉萨至贡嘎机场高速公路（供图：西藏自治区交通运输厅）

▲ 拉萨至日喀则高速公路（供图：西藏自治区交通运输厅）

▲ G6 京藏高速公路那曲至拉萨段古荣互通（供图：西藏自治区交通运输厅）

新旧之变·通麦天险

通麦大桥是通麦天险的“咽喉工程”，是著名的卡脖子路段，三代通麦桥的建设充分体现了从天险到通途的传奇。通麦段处于世界第二大泥石流群，每年地质灾害多达300余次，因频繁的泥石流而被称为“死亡路段”。20世纪50年代修建川藏公路时，在通麦架起了一座木板吊桥。2000年，吊桥旁架起了一座悬索桥，并于2001年1月1日正式通车，这是为打通国道318运输线而建的临时保通桥，为迅速打通国道318线立下了汗马功劳。2012年，单塔单跨钢桁梁悬索桥——通麦特大桥开工建设，并于2015年12月建成通车，有力地保障了川藏公路通麦段的安全通畅，有效提升了通麦段的通行能力。

▲ 残损的通麦第一代木板桥

▲ 改造后的通麦老桥（供图：武警某部）

▲ 三代“通麦桥”（供图：西藏自治区交通运输厅）

▲ 久治至马尔康高速公路红原 1 号、2 号、3 号大桥（供图：中国交通报社）

▲2021 年 10 月，中共中央、国务院印发《成渝地区双城经济圈建设规划纲要》，成渝地区双城经济圈向着“具有全国影响力的重要经济中心、科技创新中心、改革开放新高地、高品质生活宜居地”定位不断奋进。图为成渝地区双城经济圈首批规划的五条高速之一——四川开江至重庆梁平高速公路（供图：四川高速公路建设开发集团有限公司）

◀ 雅康高速公路对岩枢纽互通（供图：四川省交通运输厅）

▲ 青海省首座高速公路螺旋曲线桥（供图：中国交通报社）

▶ 茶卡至格尔木高速公路（供图：青海省交通运输厅）

▲ 扎麻隆至倒淌河公路改扩建工程（供图：青海省交通运输厅）

▲ 共和至玉树高速公路项目荣获国际道路联合会（IRF）2020 年“全球道路成就奖”（GRAA）研发类奖，这是国内首次获得道路研究国际成就奖。依托项目的“高原多年冻土高速公路建设关键技术”获 2017 年度中国公路学会科学技术奖特等奖，“青海省共和至玉树（结古）公路建设关键技术研究”获 2015 年度中国公路学会科学技术奖特等奖，“高寒地区公路工程运行状态监测体系及灾害预警关键技术”获 2017 年度陕西省科学技术奖一等奖（供图：中交第一公路勘察设计研究院有限公司）

共同富裕之路

党的十八大以来，一张巨大的现代综合立体交通运输网将西藏各族人民与祖国大家庭各兄弟民族紧密相连，一起走上共同富裕的康庄大道。

▲ 林芝市卡达村至珠曲登村环线公路（供图：西藏自治区交通运输厅）

◀ 川藏公路修通后，甘孜农场的拖拉机正在进行耕作（供图：交通运输部档案馆）

▲ 阿坝州金川县角木牛村产业路（供图：四川省阿坝州交通运输局）

国道318，一路看四季

▲ 国道318线茅垭坝段（供图：四川省交通运输厅）

▲ 国道 318 线沿线林芝市波密县草湖风光（供图：西藏自治区交通运输厅）

▲ 国道318线剪子弯山（供图：四川省交通运输厅）

▲ 国道318线折多山段黄昏景观（供图：四川省交通运输厅）

▲ 甘孜州甘孜县格萨尔精准扶贫百村产业基地（供图：四川省交通运输厅）

▼ 建设中的沿江高速公路。沿江高速公路建成后，将有效解决大小凉山交通设施发展滞后与日益加快的经济发展需要之间的矛盾，促进沿线产业发展，带动经济繁荣，提供更多的就业机会，同时促进川西南地区矿产资源、水力资源、农副产品产业、旅游产业发展（供图：四川沿江宜金高速公路有限公司）

▲昌都市江达县岗托镇岗托村旅游公路（供图：西藏自治区交通运输厅）

▲ 国道317线甘孜段风景独特，旅游车队畅行无阻

▲ 阿坝州壤塘县“上南天路”（供图：四川省交通运输厅）

甘孜州色达县五色海旅游环线建成后，来此一览美景的游客越来越多，沿线的群众也开办起了餐馆、民宿、藏家乐（供图：四川省甘孜州色达县交通运输局）

▲ 国道317线星空夜景（供图：四川省交通运输厅）

▲ 青海省海东市互助土族自治县北龙山十二盘山路（供图：青海省公路局）

▲ 位于青海省海西蒙古族藏族自治州格尔木市境内的国道 315 线“U 形公路”，被誉为“中国版 66 号公路”，成为青海乃至全国的网红打卡地（供图：青海省公路局）

▲ 环青海湖国际公路自行车赛（供图：青海省交通运输厅）

展　望

巍巍高原，天路贯通。在中国共产党的领导下，在川藏、青藏公路建设和养护的伟大实践中，铸造了“一不怕苦、二不怕死，顽强拼搏、甘当路石，军民一家、民族团结”的“两路”精神。

“两路”精神代表了交通运输广大从业者的精神风貌，是中国共产党人精神谱系的重要组成部分，也是民族精神和时代精神在交通运输实践中的生动体现。党的十八大以来，川藏、青藏公路沿线省份加大遗迹遗存保护力度，着力建设文博场馆，打造“两路”精神堡垒。在“两路”精神的不断激励和鼓舞下，一代又一代交通人接续奋斗、勇立潮头，用青春和汗水书写交通梦想，创造一个又一个奇迹。如今，薪火相传的“两路”精神已经成为交通运输行业凝聚共识、凝聚人心的强大精神力量。

▲ 中国・雅安 318 自驾大本营 [供图：雅安市交通建设（集团）有限责任公司]

新时代新征程，交通运输行业广大干部职工要坚持以习近平新时代中国特色社会主义思想为指导，深入学习贯彻习近平总书记关于交通强国的重要论述和重要指示批示精神，牢牢把握“开路先锋”的战略定位，紧紧围绕“人享其行、物畅其流”的美好愿景，继续埋头苦干、担当奉献，再接再厉、再立新功，奋力加快建设交通强国，努力当好中国式现代化的开路先锋。

▲ 中国·雅安 318 公路文化体验馆于 2024 年 9 月 26 日开馆，是全面展示国道 318 线历史文化及沿途自然风光、风土人情的综合性体验馆。其中，“路无穷尽”展厅展示了筑路大军“一面进军、一面修路”的豪迈征程。图为“路无穷尽”展厅（供图:《中国公路》杂志社）

▲ 位于雅康高速公路天全服务区内的蜀道集团川藏公路馆是以川藏公路建设为背景，比较全面系统反映川藏公路建设、改造及川藏高速公路建设历程的“两路”精神专题展示馆（供图:《中国公路》杂志社）

▲ 川藏公路博物馆于 2021 年 6 月 29 日正式开馆，是四川省建成的以川藏公路为主题的博物馆，其设计和展示紧扣传承弘扬“两路”精神主题（供图：中国交通报社）

后记

为弘扬川藏、青藏公路建成通车的伟大历史功绩，传承和弘扬“两路”精神，交通运输部组织开展了《弘扬“两路”精神　勇当开路先锋——川藏、青藏公路建成通车70周年纪念画册》（简称《画册》）的编纂出版工作。

本《画册》的编纂工作由交通运输部办公厅牵头组织，交通运输部档案馆、《中国公路》杂志社具体承办。在编纂过程中，交通运输部政策研究室、综合规划司、公路局、运输服务司、科技司、直属机关党委，西藏自治区交通运输厅、四川省交通运输厅、青海省交通运输厅、重庆市交通运输委员会，交通运输部公路科学研究院、中国交通报社有限公司、人民交通出版社股份有限公司，重庆交通大学，中国交通建设集团有限公司，中国公路学会等单位在资料提供、审核校对等方面提供了诸多帮助和支持。陆文凯、杨秉政、陈邦贤、刘步阳、韩毅、陈勇、秦廷富、王云汉、代峰、杨捷、陈龙、陈晓龙、周建春、张佳豪、高烽、杨明江、高月谨、蓝志贵、何晴、高小松、陈键等摄影作者为本《画册》提供了丰富的摄影作品。

交通运输部办公厅侯浩、吕丞、李福东、孙建梅，政策研究室臧青、毛剑、王欣荣、祝琳，综合规划司杜彩军、李兆云，公路局高永亮、王恒斌、张冬青、杨亮、谢瑞霖，运输服务司何明、张强、叶倩，科技司唐妍、赵晓辉，直属机关党委高志慧、叶海龙，西藏自治区交通运输厅李桥梁，四川省交通运输厅罗萍，青海省交通运输厅林才让，重庆市交通运输委员会丁德娟，交通运输部公路科学研究院赵雷，中国交通报社有限公司王俊峰，人民交通出版社股份有限公司崔建，重庆交通大学白凯，中国交通建设集团有限公司李群、张长善等同志从不同方面，为本《画册》的编写出版做了大量工作。

在编纂过程中，编纂工作组查阅了《中国公路史》《交通运输大事记（1949—2019）》《康藏公路修建史料汇编》《西南公路建设中的若干问题》《慕生忠与青藏公路》《西藏公路交通史》《川藏公路简史》《战斗在世界屋脊》《历史的丰碑》《天路叙事——川藏公路、成阿公路筑路史》等大量文献和档案资料。受编写资料和篇幅等因素所限，本书难免存在疏漏不足之处，敬请广大读者批评指正。由于时间久远，部分历史照片版权无法考证，如有相关诉求，请联系：010-65292088。

编纂工作组

2025 年 2 月

图书在版编目(CIP)数据

弘扬“两路”精神 勇当开路先锋：川藏、青藏公路建成通车70周年纪念画册 / 中华人民共和国交通运输部编 . — 北京：人民交通出版社股份有限公司，2025. 8.
ISBN 978-7-114-20370-1

Ⅰ. F512.9-64

中国国家版本馆 CIP 数据核字第 20258RT894 号
审图号：GS 京 (2025)1121 号

HONGYANG “LIANGLU” JINGSHEN YONG DANG KAILU XIANFENG——
CHUAN-ZANG、QING-ZANG GONGLU JIANCHENG TONGCHE 70 ZHOUNIAN JINIAN HUACE

书　　名：弘扬“两路”精神　勇当开路先锋
——川藏、青藏公路建成通车70周年纪念画册
著 作 者：中华人民共和国交通运输部
责任编辑：崔　建　陈　鹏
责任校对：龙　雪
责任印制：张　凯
出版发行：人民交通出版社
地　　址：（100011）北京市朝阳区安定门外外馆斜街3号
网　　址：http://www.ccpcl.com.cn
销售电话：（010）85285857
总 经 销：人民交通出版社发行部
经　　销：各地新华书店
印　　刷：北京博海升彩色印刷有限公司
开　　本：880×1230　1/12
印　　张：12.5
字　　数：276 千
版　　次：2025年8月　第1版
印　　次：2025年8月　第1次印刷
书　　号：ISBN 978-7-114-20370-1
定　　价：198.00元
（有印刷、装订质量问题的图书，由本社负责调换）